保育者をめざす

楽しい造形表現

―― 監修・編著 ――
齋藤 正人

―― 著 者 ――
江村 和彦　木許 隆　小島 雅生　西村 志磨　松實 輝彦

圭文社

はじめに

　子どもの生活はあそびであると同時に、様々な「表現」で満ちあふれています。そして、子どもは、あそびの中でみたり、きいたり、においたり、さわったり、あじわったりしながら五感を磨いていきます。また、様々な素材にふれながら描いたり、つくったりすることを楽しみます。

　子どもの造形表現は、「幼稚園教育要領」、「保育所保育指針」、「幼保連携型認定こども園教育・保育要領」にある保育内容5領域「健康・人間関係・環境・言葉・表現」のひとつで、領域「表現」を主軸に保育の中で展開されます。

　平成29年3月31日に「幼稚園教育要領」、「保育所保育指針」、「幼保連携型認定こども園教育・保育要領」が同時改訂・告示され、平成30年4月1日に施行されました。この改訂の特徴は、三つの施設における幼児教育の共通性が明確になったことです。このことにより、3歳以上の子どもは、どの施設へ通おうと同じ幼児教育を学ぶことになりました。

　改訂された幼稚園教育要領の領域「表現」の「内容の取扱い」には、「（1）- 中略 -、その際、風の音や雨の音、身近にある草や花の形や色など自然の中にある音、形、色などに気付くようにすること。」、「（3）- 中略 -、様々な素材や表現の仕方に親しんだり、- 後略 -。」という言葉が加えられました。

　子どもの感性は、周りの環境の中で美しいもの、優れたもの、心動かす出来ごとに出会い、そこから得た感動体験を表現することによって育まれます。そして、保育者は子どもの表現したいという気持ちを受け止め、あそびを通して総合的な援助・指導を行います。また、子どもを取り巻く社会の変化により、保育者には高い専門性が求められています。

　これから始まる授業を通して保育者を目指す皆さんには、保育者の役割や子どもへの援助・指導についてしっかり学んでいただきたいと思っています。そして、造形の特質をふまえながら、子どもの造形的な表現を引きだす力を養っていただきたいと思っています。また、保育現場や教育現場で活躍されている皆さんには、ぜひ目を通していただき、現場で活用され、お役に立てれば幸甚です。

　尚、本書では、幼稚園教育要領に使われている「教師」、保育所保育指針に使われている「保育士等」、幼保連携型認定こども園教育・保育要領で使われている「保育教諭等」という言葉を、「免許」や「資格」の名称として用いるのではなく、総称として「保育者」と表記しています。

　本書を作成するにあたり、公立・私立の幼稚園・保育所6園にご協力いただきました。

著者一同

目　次

第1章　子どもと造形

Ⅰ　芸術と文化　‥‥‥‥‥‥‥‥‥‥　8
1　西洋の美術　‥‥‥‥‥‥‥‥‥　8
2　日本の美術　‥‥‥‥‥‥‥‥‥　9
3　描く表現の起源　‥‥‥‥‥‥‥　10

Ⅱ　子どもの造形　‥‥‥‥‥‥‥‥　11
1　子どもの言葉をきく　‥‥‥‥‥　11
2　つくりたいからつくる、描きたいから描く　‥‥‥　11
3　感じること、あらわすこと　‥‥‥　12
4　あそびから生まれる造形　‥‥‥　12
5　「いま」を生きている証　‥‥‥‥　12
6　子どもの造形と芸術家の造形　‥‥‥　12

Ⅲ　造形教育の歴史　‥‥‥‥‥‥‥　13
1　明治時代のはじめ　‥‥‥‥‥‥　13
2　明治時代の中ごろ　‥‥‥‥‥‥　13
3　明治時代のおわり　‥‥‥‥‥‥　14
4　大正時代　‥‥‥‥‥‥‥‥‥‥　14
5　昭和時代のはじめ　‥‥‥‥‥‥　14
6　第二次世界大戦後　‥‥‥‥‥‥　15
7　平成時代　‥‥‥‥‥‥‥‥‥‥　15

Ⅳ　造形教育の動向　‥‥‥‥‥‥‥　16
1　プロジェクト活動　‥‥‥‥‥‥　16
2　ドキュメンテーション　‥‥‥‥　18
3　海外の造形教育　‥‥‥‥‥‥‥　20

第2章　幼児期の造形表現

Ⅰ　造形表現の意義や目的　‥‥‥‥‥　22
1　表現する意欲　‥‥‥‥‥‥‥‥　22
2　豊かな感性と表現　‥‥‥‥‥‥　22
3　イメージの形象化　‥‥‥‥‥‥　23
4　自己表現の場　‥‥‥‥‥‥‥‥　23

Ⅱ　子どもの発達と造形表現　‥‥‥‥　24
1　発達の個人差　‥‥‥‥‥‥‥‥　24
2　発達の理解　‥‥‥‥‥‥‥‥‥　24
3　乳幼児の育ちと表現　‥‥‥‥‥　24

Ⅲ　描く表現の発達　‥‥‥‥‥‥‥‥　26
1　ヴィクター・ローウェンフェルドの美術教育　‥‥‥‥‥‥　26

		2	発達過程にそった描く表現	・・・・・・・・・・・	27
Ⅳ	**つくる表現の発達**		・・・・・・・・・		30
		1	ジャン・ピアジェの思考の発達段階	・・・・・・・	30
		2	発達過程にそったつくる表現	・・・・・・・・	31
Ⅴ	**保育者の役割**		・・・・・・・		34
		1	用具や素材について	・・・・・・・・・・・	34
		2	作品について	・・・・・・・・・・・・・・・	34
		3	描かない、つくらない	・・・・・・・・・・	34
		4	のびのび描く、のびのびつくる	・・・・・・・	35

第3章　新しい保育内容

Ⅰ	**三つの法令の成立**		・・・・・・・・・		36
Ⅱ	**三つの法令**		・・・・・・・・・・・・		37
		1	幼稚園教育要領	・・・・・・・・・・・・・	37
		2	保育所保育指針	・・・・・・・・・・・・・	40
		3	幼保連携型認定こども園教育・保育要領	・・・	41
Ⅲ	**保育内容と領域「表現」**		・・・・・・・・・		42
		1	保育内容	・・・・・・・・・・・・・・・・	42
		2	領域「表現」	・・・・・・・・・・・・・・	42
		3	３歳未満児の保育の充実	・・・・・・・・・	43
Ⅳ	**小学校教育への接続**		・・・・・・・・・・		44

第4章　造形表現の指導と援助

Ⅰ	**環境が育む表現**		・・・・・・・・・・・		46
		1	子どもの主体的な活動	・・・・・・・・・・	46
		2	造形表現における環境	・・・・・・・・・・	46
		3	体験の充実	・・・・・・・・・・・・・・・	47
		4	保育者による環境構成	・・・・・・・・・・	47
Ⅱ	**指導計画の作成**		・・・・・・・・・・・		48
		1	指導計画の分類	・・・・・・・・・・・・・	48
		2	子どもの主体性と指導・援助の計画性	・・・	48
		3	子どもの発達を理解する	・・・・・・・・・	49
		4	「幼児教育において育みたい資質・能力」を見据えた指導計画	・・・・・・・	49
		5	「幼児期の終わりまでに育ってほしい姿」と領域「表現」をふまえた指導計画	・	49
		6	ねらい	・・・・・・・・・・・・・・・・・	50
		7	内容	・・・・・・・・・・・・・・・・・・	50
		8	内容の取扱い	・・・・・・・・・・・・・・	51

目　次

　　　　　9　環境構成　‥‥‥‥‥‥‥‥‥‥‥　51
　　　　　10　保育者の指導・援助の留意点　‥‥‥　52
　　　　　11　指導計画の実際　‥‥‥‥‥‥‥‥　53
　　Ⅲ　**評価と指導計画の改善**　‥‥‥‥‥‥‥　55
　　　　　1　評価の考え方　‥‥‥‥‥‥‥‥‥　55
　　　　　2　PDCA サイクル　‥‥‥‥‥‥‥‥　55
　　　　　3　保育者の資質の向上　‥‥‥‥‥‥　56

第5章　あそびと造形表現

　　Ⅰ　**技法あそび**　‥‥‥‥‥‥‥‥‥‥‥　58
　　　　　1　フィンガーペインティング　‥‥‥　59
　　　　　2　スタンピング　‥‥‥‥‥‥‥‥‥　60
　　　　　3　ドリッピング　‥‥‥‥‥‥‥‥‥　61
　　　　　4　バチック　‥‥‥‥‥‥‥‥‥‥‥　62
　　　　　5　デカルコマニー　‥‥‥‥‥‥‥‥　63
　　　　　6　糸ひき絵　‥‥‥‥‥‥‥‥‥‥‥　64
　　　　　7　スパッタリング　‥‥‥‥‥‥‥‥　65
　　　　　8　ステンシル　‥‥‥‥‥‥‥‥‥‥　66
　　　　　9　フロッタージュ　‥‥‥‥‥‥‥‥　67
　　　　　10　スクラッチ　‥‥‥‥‥‥‥‥‥‥　68
　　　　　11　にじみ絵　‥‥‥‥‥‥‥‥‥‥‥　69
　　　　　12　マーブリング　‥‥‥‥‥‥‥‥‥　70
　　　　　13　紙版画　‥‥‥‥‥‥‥‥‥‥‥‥　71
　　　　　14　コラージュ　‥‥‥‥‥‥‥‥‥‥　72
　　Ⅱ　**素材あそび**　‥‥‥‥‥‥‥‥‥‥‥　73
　　　　　1　えのぐ（絵の具）　‥‥‥‥‥‥‥　74
　　　　　2　ねんど（粘土）　‥‥‥‥‥‥‥‥　77
　　　　　3　かみ（紙）　‥‥‥‥‥‥‥‥‥‥　79
　　　　　4　自然の素材　‥‥‥‥‥‥‥‥‥‥　82
　　　　　5　身近な素材　‥‥‥‥‥‥‥‥‥‥　85

第6章　実践－表現を育む造形活動

　　Ⅰ　**五感を働かせる活動**　‥‥‥‥‥‥‥　88
　　　　　1　みる　‥‥‥‥‥‥‥‥‥‥‥‥‥　89
　　　　　2　きく　‥‥‥‥‥‥‥‥‥‥‥‥‥　90
　　　　　3　におう　‥‥‥‥‥‥‥‥‥‥‥‥　91
　　　　　4　さわる　‥‥‥‥‥‥‥‥‥‥‥‥　92

| | 5 | あじわう | ・・・・・・・・・・・・・・・ | 93 |

| | II | 自然の中での活動 | ・・・・・・・・・・・・ | 94 |

| | 1 | 土とあそぶ | ・・・・・・・・・・・・・・ | 95 |

| | 2 | 水とあそぶ | ・・・・・・・・・・・・・・ | 96 |

| | 3 | 光とあそぶ | ・・・・・・・・・・・・・・ | 97 |

| | 4 | 風とあそぶ | ・・・・・・・・・・・・・・ | 98 |

| | III | 絵本から広がる活動 | ・・・・・・・・・・ | 99 |

| | IV | 季節や行事に関わる活動 | ・・・・・・・ | 101 |

| | V | 共同制作における活動 | ・・・・・・・・ | 102 |

第7章　保育の教材と活用法

| I | 「ことば」を楽しむ | ・・・・・・・・・・・・ | 104 |

| II | 「え」を楽しむ | ・・・・・・・・・・・・・・・ | 106 |

| III | 「うごき」を楽しむ | ・・・・・・・・・・・・ | 109 |

第8章　保育者の知識

I　色彩の効果 ・・・・・・・・・・・・・・・ 112

   1　色の三要素 ・・・・・・・・・・・・・ 112

   2　色の三原色と光の三原色 ・・・・・ 113

   3　色の対比 ・・・・・・・・・・・・・・・ 113

   4　色と絵本 ・・・・・・・・・・・・・・・ 114

II　材料と用具 ・・・・・・・・・・・・・・・ 115

   1　描画材 ・・・・・・・・・・・・・・・・ 115

   2　紙 ・・・・・・・・・・・・・・・・・・・ 116

   3　用具 ・・・・・・・・・・・・・・・・・ 116

III　作品の展示 ・・・・・・・・・・・・・・・ 118

   1　日ごろの作品展示 ・・・・・・・・・ 118

   2　そのほかの作品展示 ・・・・・・・ 118

   3　新しい作品展示 ・・・・・・・・・・ 118

IV　情報機器の活用 ・・・・・・・・・・・・ 119

   1　保育現場の現状 ・・・・・・・・・・ 119

   2　情報機器を活用した教材 ・・・・・ 119

   3　情報機器の活用に対する留意点 ・ 119

V　博物館・美術館の利用 ・・・・・・・・・ 120

   1　美術館 ・・・・・・・・・・・・・・・・ 120

   2　博物館の役割 ・・・・・・・・・・・・ 120

第1章
子どもと造形

Ⅰ. 芸術と文化

　私たちは、日常の何気ない会話の中で、「あれって、なんだか芸術的だと思わない？」、「まさに芸術って感じですね！」など、気軽に「芸術」という言葉を使っています。それによって会話に違和感や不具合を感じることはありません。つまり、私たちは「芸術」という言葉を、ある程度、共通理解したうえで使っているのでしょう。

　あらためて「芸術とは何か」と問われたとき、どのように答えればいいでしょうか。辞書を引くと、「一定の材料・技術・身体などを駆使して、観賞的価値を創出する人間の活動およびその所産」とあり、つづけて「絵画・彫刻・工芸・建築・詩・音楽・舞踊などの総称」と記されています。確かにその通りですが、漠然としている感じは否めません。

　古代ギリシア時代以前から現在に至るまで、芸術の中には代々つづいてきた文化的な営みが凝縮されています。古代ギリシア時代の医師で、医学の祖といわれるヒポクラテス（紀元前460年ごろ－紀元前370年ごろ）の言葉に、「芸術は長く人生は短し」という有名なフレーズがあります。これは、「人の命は短くはかないものだが、すぐれた芸術作品は永遠の生命を保っている。」と解釈されています。

　保育者や教育者が芸術に接するとき、それらを正しく理解しなければならないと考える必要はありません。まず、人間の文化的で不可思議な営みを、まっすぐな心で見つめ感じることから始めたいものです。

1　西洋の美術

　西洋の美術は、旧石器時代後期（－紀元前14000年ごろ）の「原始美術」から始まり、ネアンデルタール人によって描かれた洞窟壁画などが人類最古の造形であるといわれています。

　古代（紀元前3500年ごろ－300年ごろ）の「ギリシア美術」では、ギリシア神話に登場する神々の姿をあらわした彫刻やそれらが住む神殿をつくりました。そして、ギリシア人は、肉体的、精神的に調和のとれた存在を「神＝理想の美」と考えました。また、「ローマ美術」では、戦争による英雄をたたえた騎馬像や凱旋門をつくりました。古代のギリシア美術は神を、ローマ美術は実在した人物をたたえることによってそれぞれ発展しました。

　中世（4-14世紀）に入ると、東地中海周辺の教会において聖像を崇敬する動きがあり、教会内の天井や壁面には、神の視点で描かれた絵画が装飾として施されました。

　近世（15-18世紀）に入ると、イタリアに「ルネサンス美術」がおこり、絵画に人間的な表情が描かれるようになりました。そして、レオナルド・ダ・ヴィンチ（1452-1519）やミケランジェロ・ブオナローティ（1475-1564）が、人間中心の芸術理念をもった作品を制作しました。その後、自然現

象を科学的に捉えるようになり、自然をテーマにした風景画が描かれるようになりました。これが「バロック美術」へとつながります。また、政治や文化の中心がフランスへ移り、宮廷や王侯貴族の絵画が描かれたり、壮麗な装飾が施されたりするようになりました。それが「ロココ美術」といわれています。

近代（19世紀）に入ると、ヨーロッパ各地で様々な芸術運動がおこり、新たな表現が展開されます。その中でも「印象派」の画家たちは、「自然の光の効果」を色彩によって表現しようとしました。そして、それまでにはなかった日常的な題材を描きました。

現代（20世紀）は、画家の独創性と自己表現の時代といわれ、感情を表現するために現実とは違った色づかいで描いたり、荒々しい筆づかいで描いたりしました。そして、画家たちが新しい手法で描くことを推進した絵画運動「フォービスム」がおこりました。その後、写実的な絵画表現の意義が問われることになり、抽象的な絵画表現へ変化しました。また、第一次世界大戦が始まると、既成の秩序や常識にとらわれず自由に表現する「ダダイスム」がおこります。さらに、第二次世界大戦以降のポップ・アートに代表される現代美術へとつながります。

2 日本の美術

日本の美術は、近世以前に中国や朝鮮半島からの影響を受けました。そして、近代以降に西洋からの影響を受け独自の様式に発展しました。

縄文時代（紀元前13000-300年ごろ）は、外来文化からの影響を受けていない唯一の時代です。この時代につくられた土器や土偶が日本の美術のはじまりといわれています。

奈良時代（710-794）は、日本に仏教が公伝し、その後の文化の下地をつくった時代といわれています。そして、寺院や仏像の建立、経典の書写などが国家事業として行われ、仏教文化が繁栄しました。

平安時代（794-1185）は、空海（774-835）や最澄（767-822）らによって仏教思想が広められ、文化や美術に影響を与えました。その後、外来文化の和風化が進み、貴族を中心とした「国風文化」が繁栄しました。そして、「かな文字」が考案され、文学が発展しました。また、中国風の「唐絵」に代わって、『源氏物語絵巻』に代表される「大和絵」が生まれました。

鎌倉時代（1185-1333）は、政治や文化の中心が鎌倉へ移ったことにより、武家階級の嗜好が美術にも反映され、荒々しくたくましい仏像がつくられました。

室町時代（1336-1573）は、政治の中心が京都へ戻り、足利義満（1358-1408）や足利義政（1436-1490）が文化の振興に大きく貢献したといわれています。足利義政が建立した東山慈照寺観音殿（銀閣寺）は、書院造の原型として日本の住宅建築に影響を与えました。また、足利家は、禅宗を保護したことにより、禅宗の寺院から造園、文学、茶道、能楽など多様な文化が繁栄しました。

安土桃山時代（1573-1603）は、権力の象徴として城郭建築が発展しました。そして、絵師集団の「狩野派」により御殿の障壁画が描かれました。美術史においては、豪華絢爛な美術が生まれた時代といわれています。また、千利休（1522-1591）の美意識による茶道の発展とともに、様々な茶道具がつくられました。

江戸時代（1603-1868）は、庶民の生活レベルが向上したことにより、それまでの寺社、公家、武家に加え、町人も美術を愛好するようになりました。そして、木版画の印刷技術が導入され、身近な絵画として浮世絵が町人の間で人気を博しました。

明治時代（1868-1912）は、近代化にともない、西洋画法が導入され「洋画」が成立しました。そして、1876年（明治9年）には、日本初の美術教育機関といわれる工部美術学校が開校し、外国人教師による西洋美術教育が始まりました。また、それまでの伝統的な絵画は、「日本画」という名称で呼ばれるようになりました。

　大正時代（1912-1926）から昭和時代（1926-1989）は、西洋における絵画運動「フォービスム」やパブロ・ピカソ（1881-1973）らが始めた、多視点で描いたり幾何学的に抽象化して描いたりする「キュビスム」に影響を受けました。そして、日本においても個性を主張する自由な表現を求める潮流がみられるようになりました。

3　描く表現の起源

1 コミュニケーションとしての壁画

　現存する人類最古の絵画は、洞窟の壁面や天井に描かれた洞窟壁画といわれています。そこには、バイソン（野牛）や馬、鹿などの野生動物が描かれており、人の手形などの図像も残されています。代表的な壁画は、フランス西南部のラスコー洞窟にあるものです。また、近年、スペイン南東部の洞窟で見つかった壁画が、ネアンデルタール人によって描かれたものであると判明し大きな話題となりました。

　このような壁画は、シャーマン（巫女や祈祷師）による宗教的な儀礼や狩りの成功への祈願、厳しい自然環境に対する呪術など諸説ありますが、コミュニケーションツールの一つとして使われていたことは間違いないでしょう。さらに、描かれた洞窟壁画には、人類が絵画表現に託した想いを感じることができます。

ラスコー洞窟の壁画
（紀元前15000年ごろ）

2 日本の絵画

　日本では、古墳の石室に描かれた装飾壁画が「描く表現」のはじまりと考えられています。その中でも王塚古墳（福岡県）の壁画は、6世紀中ごろのものといわれ、石室内全面に馬や弓、抽象的な文様などが描かれています。また、キトラ古墳（奈良県）の壁画は、7世紀末ごろのものといわれ、鮮やかに彩色された白虎や朱雀が描かれています。

　平安時代後期に制作されたといわれる『源氏物語絵巻』は、宮廷の優雅な世界が華やかに描かれています。鎌倉時代初期に集成されたといわれる『鳥獣人物戯画』は、ウサギやカエルなどが擬人化されて描かれ、そのユーモラスな表現から「日本最古の漫画」ともいわれています。そして、江戸時代後期の浮世絵、明治時代以後の新聞や雑誌に刷られた漫画、ポスターなどは、現在のアニメーションに代表されるコンピュータグラフィックスの活況へとつながっています。

（松實）

Ⅱ. 子どもの造形

　子どもの造形を理解するとき、「子どもの世界と大人の世界は違う」ということを念頭におきましょう。子どもは、現実と空想、時間軸、人やほかの生き物など、境界線があいまいな世界を生きています。大人は、子どもが生みだす絵や立体をすぐに理解できないかも知れません。そのため、子どもの世界をすべて受け止め、認めることが大切となります。子どもは、造形、音楽、身体、言語など様々な領域をともなって表現します。保育者は、できあがった結果だけを見るのではなく、そこへ至る過程を観察することが大切です。

1　子どもの言葉をきく

　「子どもの絵をきく」といわれることがあります。それは、描いた絵について話す子どもの言葉に耳を傾けることです。子どもの造形は、絵や立体にあらわしたものについて話すことにより完結します。なぜこの色なのか、この形なのかなど、その絵や立体の物語をきくことによって、子どもの造形を理解することにつながるでしょう。

子どもの絵と物語

2　つくりたいからつくる、描きたいから描く

　大人は、子どもがあらわした結果に目が向きます。しかし、子どもは、それほど結果を意識していません。例えば、時間をかけて細やかな物をつくっても、すぐに崩してまた違う物をつくり始めます。大人は「もったいない」と感じますが、子どもはその素材の感触を楽しみながら、つくっていく時間に浸ります。つまり、「つくりたいからつくる、描きたいから描く」、それだけなのでしょう。

つくり描く

3　感じること、あらわすこと

　子どもは、様々なものに出会い、おもしろいや嬉しいなどの感情を抱き、あらわすことに発展させます。このことから、「刺激・感情・行動」の循環がおこり、「またあらわしたい」という気持ちのうえに子どもの表現が広がっていきます。

感じてあらわす

4　あそびから生まれる造形

　津守真（1926-）は、「子どもの行為の展開の中に、子どもの世界は表現される。ことに、子どもが没頭して遊ぶに至った時には、心の奥深くにある子どもの心の願いがその遊びにあらわれる。」といっています。子どもにとって「あそび」は、生活そのものです。子どもがあそびの中に入り込み、その過程で表現された「子どもの世界」の一つが「造形」であるといえるでしょう。

5　「いま」を生きている証

　子どもにとって、つくることや描くことは、「いま」を生きている証といえるでしょう。矢野智司（1954-）は、体験と経験の違いについてふれ、「優れた体験の中には、自己と世界とを隔てる境界がいつのまにか溶解してしまう。」といっています。また、「経験は、自分の外にあるものを取り入れ重ねていくもので、体験は、自分が深い海に溶けていくものだ。」といっています。その体験は、子どものあそびの中に存在します。そして、自分と世界との境界線がなくなる溶解体験を味わうことができるというのです。さらに、子どもは、あそびに没頭し、周りの世界と自分が溶け合う瞬間に「いま生きている」ことを感じているのでしょう。

体験をくり返す

6　子どもの造形と芸術家の造形

　子どもの作品に魅力があることは理解できても、「それが芸術なのか」と問われると、答えに困るでしょう。「子どもの世界と大人の世界は違う」という考えをもとにすれば、子どもの造形と芸術家の造形を同じ価値観で比較することはできません。

　パブロ・ピカソ（1881-1973）が「ようやく子どものように絵が描けるようになった」といったように、子どもの純粋な表現に魅了された芸術家たちは、子どもの絵に注目するようになりました。子どもの純粋さに近づこうとする芸術家と、その純粋さが成長とともに薄れていく子ども、その違いは芸術として意識しているか否かではないでしょうか。

（江村）

Ⅲ．造形教育の歴史

1　明治時代のはじめ

　明治時代のはじめ、日本は西洋の文化や技術を取り入れることに力を注ぎました。そして、1872年（明治5年）には「学制」が発布され、小学校の種類として「幼稚小学」をあげ、幼児教育を規定しました。しかし、小学校の開設に重点が置かれ、幼児教育（就学前）の施設はなかなか設置されませんでした。

　文部省は、小学校に「罫画」という学科を配置し、教科書に西洋画を引用したり模倣したりしたものを用いました。そして、鉛筆を用いた描写の基礎訓練を始めました。これを「臨画教育」といいます。

　1873年（明治6年）には、「小学画学書（山岡成章編）」が木版画で印刷され出版されました。また、1878年（明治11年）から1879年（明治12年）には、「小学普通画学本（宮本三平編）」が石版画で印刷され出版されました。この頃から、西洋でつくられた鉛筆が日本に入ってきたため描画表現の幅が広がったといわれています。

　1876年（明治9年）には、東京女子師範学校（現：お茶の水女子大学）附属幼稚園が開設され、F. フレーベル（1782-1852）が考案した幼児教育用品（20の恩物）を用いた教育を展開しました。そして、子どもが楽しく遊びながら、表現力、認識力、想像力を身につけることを目指しました。

　1881年（明治14年）には、「小学校教則大綱」が発布され、小学校中等科に「図画」という教科目が配置されました。また、1885年（明治18年）には、日本の風景や人物を題材とした「小学習画帖（浅井忠編）」が出版され、空間表現を意識した図画に変わる契機となりました。

2　明治時代の中ごろ

　1886年（明治19年）には、「手工科」という教科目を配置し、工作法と使用法の教育を行いました。1887年（明治20年）には、「小学校用手工編」3冊が出版され、勤労習慣の養成、職業的能力の附与、感覚の訓練を教育目標としました。

　1888年（明治21年）ごろから、E. フェノロサ（1853-1908）や岡倉覚三（1863-1913）によって伝統文化を尊重する国粋主義が提唱され、日本画による毛筆画教育が始まります。そして、教員養成機関となる東京師範学校（現：筑波大学）や東京美術学校（現：東京芸術大学）でも毛筆画（日本画）の教育が行われました。

　1891年（明治24年）に発布された「小学校教則大綱」では、「図画」の教育目標として引きつづき「正確にものの形を描写する技能を養う」とされています。しかし、毛筆画特有の濃淡や筆の使い方の表現効果をいかした作品が教科書に取り入れられ、美術的な要素が強くなっていきました。

第1章　子どもと造形

3 明治時代のおわり

　1902年（明治35年）、文部省は「図画取調委員会」を設け、欧米諸国の教育実情を調査しました。そして、鉛筆画、毛筆画の各優位論を述べるのではなく、子どもを中心とした図画教育の研究に進むことを提言しました。

　1910年（明治43年）には、「新定画帖（白浜徴ほか）」が出版され、鉛筆画（西洋画）と毛筆画（日本画）のいずれかに偏ることなく、教育の見地から教材を作成しました。また、画材として高学年で水彩絵の具を用いることに加え、低学年でも色鉛筆を用いるようになりました。そして、子どもの心理的な発達にも注目しました。

　教育内容を体系的にしようとするシステムは、明治時代の「新定画帖」において一つの到達点をむかえます。また、発達過程を考慮した教材配列、記憶画や写生など新しい教材を取り入れるという特徴も見られました。しかし、大人が作成した手本を写す臨画教育の域に留まっていたといわれています。

4 大正時代

　1913年（大正2年）には、岡山秀吉（1865-1933）がアメリカから帰国し、科学的で論理的なフランスの手工教育と自由で趣味的なアメリカの手工を紹介しました。そして、1916年（大正5年）には、山本鼎（1882-1946）がフランスからロシアを経て帰国し、「教科書をもとにした臨写や模倣が強調されると、子どもの個性が後退してしまう。子ども自身が対象を見て創造力を発揮していくことが大切である。」と主張しました。これが「自由画教育運動」へと発展していきます。

　自由画教育運動は、直観教授、労作教育の思想をもつスイスの教育実践家 J. ペスタロッチ（1746-1827）、就学前の子どもの教育を提唱したドイツの教育者 F. フレーベル、感覚教育法を施し知的水準を上げる効果を見せたイタリアの医師 M. モンテッソーリ（1870-1951）などの教育観が広く紹介されたことにより全国各地へ広まりました。また、このころ、クレヨンが学校に普及したといわれています。

5 昭和時代のはじめ

　1919年（大正8年）には、文部省が高等教育機関までの教育制度をほぼ整備しています。そして、1938年（昭和13年）以降には、戦争という時局変化に対応するため、それまでの教育体制から学校名称や制度が一部変更されます。また、超国家主義の新教育体制を目指す教育審議会により、幼稚園においても自由保育に代わって、国旗掲揚、国歌斉唱、集団訓練など躾中心の保育へと移り変わりました。

6 第二次世界大戦後

1947年（昭和22年）には、「学習指導要領（試案）」が告示され、1948年（昭和23年）には、「保育要領－幼児教育の手びき－」が刊行されました。小学校や中学校では、「図画工作」という教科目が配置され、幼稚園では「絵画」や「製作」という保育内容の項目が配置されました。

1956年（昭和31年）には、「幼稚園教育要領」が刊行され、教育課程の基準としてより大綱化をはかるなどの観点から、保育内容は領域（「絵画製作」）が配置されました。また、同年、高等学校の学習指導要領が改訂され、「美術」という教科目が配置されました。さらに、1961年（昭和36年）には、中学校の学習指導要領が改訂され、「美術」、「技術」という教科目が配置されました。

日本の図画工作や美術の教育は、「児童には児童としての豊かな感性があり、それを引きだすのが美術教師の役割である。」と提唱したオーストリアの美術教育家F. チゼック（1865-1946）、「芸術は教育の基礎でなくてはならない。」と提唱したイギリスの美術評論家H. リード（1893-1968）、「美術活動では専門の美術家を育成することが大切である。しかし、天才は必ずしも教育によって育成できるとは限らない。教育においては、美術による人間形成を目的として行われるのが学校教育における美術の位置づけである。」と提唱したオーストリアの美術教育家V. ローウェンフェルド（1903-1960）、子どもの絵を分析し、国籍や文化の違いを越えた子どもに共通する描画発達の解明に努めたアメリカの幼児教育家R. ケロッグ（1898-1987）、「教育は、本来、教育を受ける人達を成長させるために作られたものである。自然的発達を支えるような教育活動は基本的教育活動としてはふさわしくない。」と提唱したアメリカの美術教育家E. アイスナー（1933-2014）の影響を大きく受けて発展しました。

7 平成時代

1989年（平成元年）には、「幼稚園教育要領」、1990年（平成2年）には、「保育所保育指針」がそれぞれ告示され、保育内容は領域（「表現」）となりました。また、1989年（平成元年）には、「学習指導要領」が告示され、新学力観が規定されました。そして、小学校に生活科が新設され、道徳教育の充実を目指しました。

1998年（平成10年）には、「幼稚園教育要領」が告示され、小学校との連携の観点が加えられました。同年、「学習指導要領」が告示され、学校完全週5日制、小学校中学年から高等学校において総合的な学習の時間が加えられました。

2009年（平成20年）には、「幼稚園教育要領」が告示され、子どもの育ちの変化や社会の変化に対応した学びの連続性を確保すること、子育て支援と教育時間終了後などに行う教育活動については、活動の内容や意義を明確化することなどが加えられました。2010年（平成21年）には、「学習指導要領」が告示され、「生きる力」を育くむ教育とし、基礎的な知識や技能の習得と思考力、判断力、表現力の育成を強調しています。 （木許）

Ⅳ. 造形教育の動向

1 プロジェクト活動

　プロジェクト活動とは、保育者が環境や保育の内容を設定するのではなく、子ども自身の興味・関心からテーマが見出されていく活動です。そして、そのテーマにもとづいて、子ども同士で調べたり、話し合ったりしながら共同的に学びを深める点が、活動の特徴としてあげられます。活動の期間は、数カ月から数年と長期的に展開することもあります。

　昨今、日本の保育現場においても「プロジェクト」という言葉が使われるようになりました。それは、レッジョ・エミリア市（イタリア）の幼児教育を紹介した「子どもたちの100の言葉」展（ワタリウム美術館、東京、2001）から広まったといわれています。そこで紹介された様々なプロジェクト活動の実践が、子どもの主体的な活動として評価され、教育関係者の注目を集めました。

　プロジェクト活動は、子どもの知的好奇心を引きだし、他者との関わりを通した深い学びへつなぐことが大切です。それは、新しいことを知りたいと思う心情や、より良いものを生みだそうとする意欲、社会性を身につけてつくりあげる態度へとつながっていくものだと考えられます。

《活動例：ひみつきちプロジェクト（5歳児）》

　園庭の藤棚の下に「ひみつきち」をつくりたいという子どもの思いから、このプロジェクトは始まりました。子どもにとって藤棚は、木漏れ日のさす居心地のいい場所でした。そして、葉が生い茂りつるを伸ばした様子が、屋根のように見えたこともこの場所を選んだ理由になりました。

＜Step 1＞

　6月。どのような「ひみつきち」をつくるのか、話し合いが始まりました。言葉にすることによって、そのイメージがふくらみ、「ゆかいなアドベンチャーのきち」という名前になりました。そして、「ここから冒険にでかけるんだ」という物語をつくりました。次に、冒険に必要なものを話し合い、「ひみつ基地、伝説の宝島、宝島に向かう船、冒険の服、恐怖のモンスター"ポラ・ピッチョ"」をつくることになりました。

みんなで話し合う

< Step 2 >

　7月。冒険にでかけるための服をそれぞれがつくり、園の行事「お泊り保育」のファッションショーで披露しました。子どもは、つくりだした物語の主人公になりきって、冒険に対する思いを発表しました。

ファッションショー

< Step 3 >

　8月。恐怖のモンスター"ポラ・ピッチョ"のつくり方や素材について話し合いました。その過程で、絵本にでてくるモンスターを調べたり、知っているモンスターを描いたりしてイメージを共有しました。そして、3グループに分かれ、各リーダーを中心に分担しながらつくり始めました。さらに、それぞれが思い描く「伝説の宝島」のアイデアを組み合わせながら、言葉による宝島のイメージを具体化しました。

みんなでつくる

< Step 4 >

　9月。子どもが藤棚の下に集まり、基地のイメージをふくらませる様子が見られるようになりました。そして、宝島に向かう船の設計図をそれぞれが描きました。友だちの考え方にふれ、新しいアイデアが広がっていく様子が見られました。また、設計図を描くことにより、どのような素材でどこからつくればいいのかといった見通しをもつことができました。

設計図を描く

< Step 5 >

　10月。4グループに分かれて、アイデアをだしあいながら伝説の宝島をつくりました。そして、園庭のシンボルツリーの周囲を宝島に見立て飾りつけました。これまでの経験をいかしながら、素材の組み合わせ方や構造への意識を働かせている様子が見られました。

完成した伝説の船

< Step 6 >

11月。ひみつ基地、伝説の宝島、宝島に向かう船、冒険の服、恐怖のモンスター"ポラ・ピッチョ"が完成しました。それらは、園の行事「作品展」で公開されました。

完成した基地

　このプロジェクトは、テーマが決まってから半年ほどかけて取り組んだ活動です。しかし、担任保育者は、「まだ終わりではなくつづいていきそうです。翌朝になったら"今日は何をしようかな"と子どもたちが相談し始めるかも知れません。」と話していました。

　この活動の意義は、①見通しをもって自分の行動をコントロールする、②他者とのコミュニケーションを通して、それぞれの思いに折り合いをつけながら共同制作を行う、というところにあります。そして、一人では思いつかなかったアイデアが生まれ、新しいプロジェクトが展開していきます。また、一人ひとりのイメージが具体化され、友だちと実現させていく過程を経て、子どもたちは世界を広げていきます。

（齋藤）

2　ドキュメンテーション

1 ドキュメンテーションとは

　ドキュメンテーションとは、一般的に「文書」のことを指します。また、保育現場では様々な「記録」のことを指します。これまでの文書は、保育実践の記録として保育現場内で共有されるもので、外部に公開することはありませんでした。しかし、この文書に、写真を効果的に配置して編集することによって、子どもや保護者、地域の人々に広く活動を知ってもらうことができるようになりました。このドキュメンテーションの手法は、プロジェクト活動の基盤となっています。

　子ども・子育て支援新制度では、保育の量を拡大するとともに、保育の質を改善することが求められています。そして、保育の可視化が注目されドキュメンテーションを積極的に取り入れていくようになりました。また、ドキュメンテーションのほかに、ポートフォリオ、ラーニングストーリーといわれるものも保育実践の記録として扱われるようになりました。

2 ドキュメンテーションの意義

① 子どもが活動をふり返り、友だちの活動を知ることができる。

　子どもは、あそびを通して友だちとの関係性を築いたり、新たな発見をしたりしています。保育者は、子どもが夢中になっている瞬間をデジタルカメラで撮影し記録します。そして、写真と簡単な言葉をつけて紹介することによって、子どもが活動をふり返ることができます。また、その活動に関わっていなかった子どもも、周りの友だちが何をしていたのかを知ることができます。さらに、興味・関心を高めるきっかけにもなります。

② 保育者が担当以外の子どもの様子を知ることができる。

　保育者が、担当以外の子どもの活動を知る機会となります。また、ほかのクラスの子どものあそびや様子を紹介することによって、互いの活動の交流をはかることができます。そして、同年齢の子どもや異年齢の子どもの関係性を知ることができ、保育者同士の情報交換を通して、保育環境の見直しや新しい保育実践のヒントを得ることができます。

③ 保護者や地域の人々へ子どもの様子を発信することができる。

　保護者は、子どもがどのような顔で生活しているのか知りたいと思っています。活動の写真やそれぞれの子どものつぶやきが見られることはとても重要なことです。また、ほかの子どもの様子を知ることができ、周りの保護者と話すきっかけになることもあります。さらに、地域の人々に知ってもらう機会があれば、保育現場への理解を深めてもらうことにもつながります。

3 学びの可視化

　ドキュメンテーションを導入する目的は、保育者が子どもの理解を深めることと、保護者が保育を理解することがありました。三つの法令の改訂により、子どもの主体性が重要視されるようになった今、あそびの中に学びがあることを可視化できるドキュメンテーションの有用性が注目されています。そして、子どもの生活を保育者の視点で切り取り、わかりやすく提示する手法を取り入れていくことがのぞまれます。

4 記録のポイント

　ドキュメンテーションを作成するにあたり留意したいことは、デジタルカメラで撮影する視点です。保育のねらいや子どもの学びの様子を切り取れるように撮影し、撮影したものを見やすく編集、構成することも大切です。

① 撮影・記録のポイント

　撮影のポイントは、子どもが夢中になっている、挑戦している、共同で行っている、気持ちをあらわしているなどの場面を決めて撮影することです。また、子どもの目線までカメラのアングルを下げることによって、より自然な表情を撮影することができます。撮影と同時に、子どものつぶやきや表情などをメモしておきましょう。

② 整理・編集のポイント

撮影した写真は、日々整理しておくといいでしょう。また、パソコンなどに取り込むときに、「あそぶ」、「たべる」、「つくる」など、活動のキーワードをフォルダ名として整理するのがいいでしょう。そして、撮影と同時に記録しておいたメモを使いながら、見やすく配置していきましょう。子どもの様子を伝えるために、新聞の見出しのような短くわかりやすい言葉を配置することも大切です。

③ 留意点

ドキュメンテーションは、様々な人の目にふれるものです。配慮が必要な子どもについては、あらかじめ保護者に掲載の可否を確認しましょう。また、SNSにあげるなど、誤解を招く恐れがあることはしないようにしましょう。

（江村）

3 海外の造形教育

■ 日本の造形教育に影響を与えた町 ・・・・・・・・・・・・・・・・・・・・・

レッジョ・エミリア市（イタリア）で取り組まれている幼児教育は、ユニークな造形教育に特化しており、世界中から注目されています。そこでは、第二次世界大戦の終わりに保護者によって学校が建てられ、幼い子どものために同市が運営する教育課程をスタートさせました。最初の幼児学校は、同市の人々が戦車や軍用トラックを売り払った収益で建設されたといわれています。そして、優れた教育実践家ローリス・マラグッツィ（1920-1994）指導のもと、多くの保育者が協働して創意と工夫を積み重ねながら、アートを中心とする子どもの学びの場として発展させていきました。1963年には、3歳児から6歳児のための幼児学校を複数開設し、1970年以降、新たに生後3ヶ月の乳児から3歳児のための乳児保育所を開設しました。すべての乳児保育所と幼児学校には、「ピアッツァ」といわれる共通の広場があり、教室には複数のアトリエが設けられています。

視覚芸術の専門教育を受けた保育者は「アトリエリスタ」といわれ、ほかの保育者と密接に関わりながら造形教育を行います。アトリエには、豊富な種類の用具や画材が用意されていますが、過去の教育計画や活動記録も保管されていることから、保育者はいつでもそれらを参照することができます。また、子どもの活動は、アトリエだけでなく、ほかの教室やピアッツァ、廊下、中庭、近隣の公園や森林といった様々な空間で行われます。アトリエリスタは、自然物や人工物といった多様な造形素材を臨機応変に活用しながらプロジェクトとして組織化し、一連の創造活動をドキュメンテーションとして記録しています。このように、子どもによる活動を共有することによって、レッジョ・エミリア市の実践が「学びの共同体」となっています。

レッジョ・エミリア市の教育実践の特徴は、アートという創造的な体験によって子どもの発達の可能性を最大限に引きだしているところです。子どもの「驚き」を受け止め、新たなプロジェクトをつくりだしていくことは、子どもを決められた結論に導くのではなく保育者や教育者とともに新しい美的発見を求める冒険の旅に参加するということになるのでしょう。

2 そのほかの造形教育

　ニュージーランドで 1996 年に導入された、「テファリキ」という幼児教育の実践が注目されています。テファリキとは、「編みあげた敷物」を意味する先住民族マオリの言葉で、様々な子どもが共有できるスペースを意味しています。テファリキでは、子どもの主体的なあそびが重視され、あそびを通して自ら学ぶことの意義を見出すことが促されます。心身ともに健康で、自らが価値をもち、地域貢献できるというビジョンに支えられたユニークな教育理念です。

　また、フィンランドで取り組まれている「キッズスキル」という教育実践も、テファリキとよく似た積極的かつ実証的な教育実践といわれています。キッズスキルでは、子どもが達成できていないスキルに自らが名前をつけてくり返えすことによって、成功体験の定着をはかります。このような海外の教育実践は、今後の造形教育を考えるうえでも参照すべき有益な実践例といえるでしょう。　　　　　　（松實）

第2章 幼児期の造形表現

Ⅰ. 造形表現の意義や目的

1 表現する意欲

　子どもは、諸感覚を働かせながら、目の前の素材や場所に関わっていきます。そして、見て判断するだけでなく、ふれることによって重さや質感を確かめようとします。また、叩いたり破いたりしてそのものを確かめようとします。時には、目に見えない風や、手でふれることのできない光までも、その実体を探ろうとします。このように全身を使った直接的な体験を通して、対象となるものの特性を知覚していくのでしょう。

　造形表現では、様々な事物や事象へ積極的に関わり、試行錯誤する過程において、自分なりの捉え方や考え方を身につけていきます。そして、子どもの知りたいと思う気持ちや挑戦しようとする態度を育み、それらが表現する意欲へとつながります。

2 豊かな感性と表現

　美しいものや印象的なできごとに出会うと、喜び、驚き、やさしさ、恐れなど、心が揺れ動きます。このような体験を重ねることにより、子どもの中に何かを感じ取ろうとする心が育まれていきます。そして、それらを感じ取る心を「感性」と捉えることができます。また、内面に蓄えられた思いやその場で感じたことを、外にあらわす行為が表現のはじまりといえるでしょう。はじめは、素朴な形であらわれますが、それも「表現の芽生え」と考えられます。

　造形表現では、五感を刺激する様々な体験を通して、豊かな感性を育んでいくことが可能になります。そして、子ども自身が感性を働かせながら創造性を獲得し、多様な表現を楽しむようになるでしょう。

3　イメージの形象化

　目的ある造形では、手を動かす前に具体的なイメージをもつことが大切です。頭の中に思い描くことができなければ、手を通して形にあらわすことは難しいでしょう。まず、頭の中で考えを巡らせ、新しいアイデアに気づいたり、おもしろいことを連想したりするなど、想像の世界を楽しむことが大切です。子どもは、過去の記憶や経験をもとに必要となる情報を組み立て、イメージをふくらませていきます。また、具体的になったイメージに形や色を与えていきます。このように、イメージしたことを自己実現する体験を重ねることによって、表現することへの満足感や達成感を味わうことになるでしょう。

4　自己表現の場

　造形活動では、一人で没頭してつくる時間も必要ですが、同じ空間で活動する子どもの存在も大切であると考えられています。周りの子どもと共同する活動では、同じ目的をもち一つのことを成し遂げることになります。そして、一人ひとりが自分の役割を認識しながら活動を展開します。また、互いの良さを認め合う関係性を築くことによって、一人ひとりの特徴があらわれ、集団の中から個を育むことへとつながります。子どもは、集団の中で自分の存在に気づくことから、自己表現することの素晴らしさを学ぶでしょう。

（齋藤）

Ⅱ. 子どもの発達と造形表現

1 発達の個人差

　乳幼児期は、身体・言葉・情緒・認知・社会性などが相関しながら発達します。子どもの発達には、月齢や性差などによる違いはあるものの、年齢ごとに平均的な発達の道筋や順序性が見られます。また、一人ひとりの発達に目を向けると、その進み方や表現のあらわれ方には個人差があり、発達の特徴を区分することはできません。

　子どもを援助するときには、何歳になったからこれができるという見方ではなく、発達の流れを把握することが大切です。特に造形においては、物事への関わり方、自然などの感じ方、素材の扱い方など、過去の経験が子ども一人ひとりの表現を特徴づけることになるでしょう。

2 発達の理解

　子どもの発達を理解することは、年齢ごとの発達の類型を理解することではありません。年齢ごとに区分した発達の類型は、援助を行うときの目安となるものです。保育者は、子ども一人ひとりの発達の実情に合わせた援助を心がけなければなりません。そして、あそびや活動の中で見られる特徴的な姿やいきづまりなどを把握し、そこから何を育んできたのかを見つめる視点が、子どもの発達を理解することにつながるでしょう。

3 乳幼児の育ちと表現

　乳幼児期に見られる発達の道筋や順序性は、時として、停滞しているように見えたり、急に成長したりすることから、同じ速さを保って発達するものとはいえません。

　次の表は、乳幼児期の特徴的な発達の姿と発達の過程に見られる素材と関わる行為、保育者の援助についてまとめたものです。表の0歳児を見ると、物を握ったり、引っぱったりする行為が見られます。それは、素材にふれて感触を確かめる行為であり、造形といえるような行為ではありません。しかし、物を握ったり離したりすることによって、指や手首の関節の発達を促すことになるでしょう。また、関節をコントロールできるようになると、それまで直線的であった線から曲線を描けるようにもなります。形にならない素朴な行為も「発達につながる行為」であると考えていくことが大切です。　　　　（齋藤）

発達の道筋と保育者の援助

年齢		0歳	1歳	2歳	3歳	4歳	5歳	6歳
発達の姿		・座る、はう、つたい歩きができるようになる。 ・目で追うなどの探索行動が見られる。 ・欲求を指さしや身振りで伝えようとする。	・一人歩きができるようになる。 ・探索行動が増える。 ・保育者をまねる。 ・物の取り合いが見られる。 ・自分の気持ちをしぐさや言葉で伝えようとする。	・基本的な運動機能が発達する。 ・簡単なごっこあそびをする。 ・「自分でやりたい」気持ちが見られる。 ・保育者の援助を、拒否することがある。	・一人でできることが増える。 ・並行あそびが多く見られる。 ・他児との関わりが見られる。 ・語彙が増え、質問するようになる。	・見通しをもって行動するようになる。 ・他児との関わりが増える。 ・ルールの大切さに気づく。 ・用具の効果を理解して使えるようになる。	・基本的生活習慣が確立される。 ・運動機能がより発達する。 ・集団あそびが増える。 ・他児と共通のイメージをもつようになる。 ・目的をもって行動する。 ・自分の思いを言葉で伝えたり、相手の話を聞いたりする。	・意欲的に挑戦する姿が見られる。 ・役割分担して活動する。 ・経験から予測して行動する。 ・イメージに合わせて試行錯誤する。
素材と関わる行為		〈素材を確かめる〉 ・口に入れる ・噛む ・なめる ・にぎる ・たたく ・投げる ・引っぱる	〈素材を確かめる〉 ・並べる ・重ねる ・転がす ・つかむ ・詰める ・大小に気づく ・だしいれする	〈素材を試す〉 ・並べ替える ・線にそって並べる ・高く積む ・分類する	〈素材に親しむ〉 ・大きさをそろえる ・形や色にこだわる ・見立てる	〈素材でつくる〉 ・構造で遊ぶ ・細かく分類する ・見立てて構成する	〈素材でつくる〉 ・構造を意識する ・見通しをもつ ・共同制作をする	〈素材でつくる〉 ・素材の特性をいかす ・素材や色の組み合わせを工夫する
保育者の援助		・気持ちをくみ取り、それを言葉にして応答的な関わりをもつ。 ・口に入れても安全な素材を用意する。 ・様々な感覚を刺激するような環境を整備する。	・物のやり取りをするなど、応答的な関わりをもつ。 ・発達に応じて素材や玩具を用意し、配置する。 ・自発的な行動を見守る。	・できなかったときに、意欲を認め励ます。 ・何気ない行為も、発達の過程として捉える。	・子どもの行動を受容し、共感する姿勢をもつ。 ・他児や保育者と伝え合うことの喜びを味わえるようにする。	・一人ではできないことがあるため、気持ちに寄り添う姿勢をもつ。 ・イメージに合わせた素材と用具を選べるように準備する。	・表現する意欲を満たし、楽しいさを味わえるようにする。 ・自己表現する気持ちを大切にする。	・自分なりに表現することを楽しめる環境を整備する。 ・一人の制作に没頭するだけでなく、周囲への興味・関心をもてるようにする。

第2章　幼児期の造形表現

Ⅲ. 描く表現の発達

子どもは、目の前にある物を観察しながら描くのではありません。
描く表現の発達過程として、手指の対向が可能になると画材をもつことができるようになり、その画材を用いて線を引くことができるようになります。その後、絵は線の重なりによってできていることを理解します。子どもは、これらの感覚を行ったり来たりしながら、描く対象を一つの構成物として理解し、「描く表現」へとつながります。つまり、絵を描くことは、目の前の対象あるいはイメージした対象の構造を認識することと、表現形式（線、色彩、描く場所など）を認識することが一致して表現されるものです。

1 ヴィクター・ローウェンフェルドの美術教育

ヴィクター・ローウェンフェルド（1903-1960）は、オーストリアに生まれ、第二次大戦後にアメリカに渡った美術教育の研究者です。彼は、1947年に『美術による人間形成』を著しました。そして、アメリカ、イギリス、カナダなど世界各国の大学で教科書となり広く読まれました。また、彼は美術教育が人間の全体的な成長の中にあって、その一要素に相当するものであると考えました。彼の示した描画における幼児期から青年期までの発達段階の概略は次のようになります。

ローウェンフェルドの描画における発達段階

① なぐりがきの段階―――――2歳から4歳まで
② 様式化前の段階―――――4歳から7歳まで
③ 様式化の段階―――――――7歳から9歳まで
④ 写実的傾向の芽生えの段階――9歳から11歳まで（ギャング・エイジ）
⑤ 擬似写実的段階――――――11歳から13歳まで
⑥ 青年期の危機の段階――――13歳から17歳まで（決定の時期）

2 発達過程にそった描く表現

1 錯画期

1歳前後の子どもは、画材をもち腕を振り動かすことによって、紙のうえに点や短い線を描きます。そして、腕の動きによって線が描かれることを理解すると、自ら進んで線を引くようになります。このとき描かれる線は具体的に何かを示したものではなく、純粋に運動感覚があらわれたものです。こうしてできた線の集まりを、「なぐり描き（スクリブル）」といいます。

なぐり描きは、身体の運動機能の発達によって、おおまかに次のような順序であらわれます。また、この時期の子どもは、自らの手の動きを目で追うことができるようになり、目と手の運動を一致させることによって満足感を得ています。

なぐり描き（スクリブル）

運動機能となぐり描き
① 座った状態で肩の動きのみで描く場合は、横方向のなぐり描きとなる。
② 肘の動きがコントロールできるようになると、縦方向のなぐり描きとなる。
③ 手首のコントロールが可能になると、渦巻き状のなぐり描きとなる。

2 象徴期

2歳から3歳ごろの子どもは、幾重にもなった渦巻き状のなぐり描きから、閉じられた線による円を描くようになります。この円は、描いた子どもにとって意味をもつ形となります。「ママ」や「パパ」、「ブーブー（車）」や「ワンワン（犬）」といった言葉の発達と結びつき、「これは、ママ」などと話すようになります。

線が閉じられることによって、円は独立した図となります。そして、いくつもの円を描いた後に「ママ」や「ワンワン」などと命名することから、「命名期」、あるいは「意味づけ期」ともいわれます。

象徴期の表現

3 前図式期

　3歳から4歳ごろの子どもは、円の中に点や短い線をつけ加えたり、別の円を重ねるように組み合わせたりしながら描くようになります。そして、大きな円の中に目や口のような線を描き、円の周りから手や足のような線が伸びてきます。このような図像を「頭足人」といいます。

　また、この時期の子どもは、方向などを考えず単純化した一定のイメージで画面を埋め尽くすように描きます。それが商品カタログに例えられ、「カタログ表現」ともいわれます。

頭足人

4 図式期

　4歳から8歳ごろの子どもは、心身の発達にともない描画の内容も複雑で総合的なものになります。生活体験を通して様々な知識や感覚を習得した子どもは、より大胆でいきいきとした描画表現を展開させていきます。

① アニミズム表現

　動物や植物、石、雲、太陽など、自然界のものに対して、魂（アニマ）を宿していると捉える信仰のことを「アニミズム」といいます。子どもの発達過程においては、太陽や花に目や口を描き入れることにより擬人化された表現を「アニミズム表現」といいます。

アニミズム表現

② 基底線

　画面を上下に分けるために引かれた線を「基底線」といいます。その線によって画面内に明確な天地が表現されます。子どもは、基底線を引くことによってものの位置関係を把握し、画面内の空間表現へと意識を広げていきます。

基底線

③ レントゲン描法

　外から見えないはずの物を、まるで透視したかのように描くことを「レントゲン描法」といいます。子どもが、これまでの生活経験によって理解していることを再現しようとする表現方法です。

レントゲン描法

④ 展開図描法

　真上から見下ろし、立方体の展開図を思わせるかのように描くことを「展開図描法」といいます。子どもは、自分自身がその場にいるつもりで描くため、このような構図ができあがります。

展開図描法

⑤ 積み上げ遠近法

　子どもは、ものの重なりや奥行を表現することが難しいといわれます。そして、画面の下から上に向かって積み上げるように描くことを「積み上げ遠近法」といいます。画面の下に描かれているものは手前に、上に描かれているものは遠くにあることを意味しています。
　　　　　　　　　　　　　　　　　　　　　　　　　　　　（松貫）

積み上げ遠近法

保育者のQ&A

Q：黒のクレヨンで描く子どもがいます。心配する必要はないですか？
A：子どもの心が満たされているときは、明るい色を好んで使うようです。それに対して、嫌なことがあったり、不安を感じたりしているときに暗い色を使ったり、弱々しい筆圧で描いたりするようです。黒で描くことは、子どもの心のストレスを発散させている行為とも考えられます。保育者が無理にやめさせてしまうのではなく、子どもが思い切り描くことができるよう見守りましょう。

第2章　幼児期の造形表現

Ⅳ．つくる表現の発達

子どものつくる表現は、粘土や紙、箱を使った立体表現を指します。そして、その表現にも発達過程があり、描く表現の発達過程とほぼ同じ道筋をたどります。

保育現場において子どものつくる表現は、積み木、砂あそび、粘土あそびや箱を組み合わせるあそびなどが考えられます。そして、子どもはつくり、つくり変えては崩すという行為をくり返します。また、乳幼児期の立体表現は、どこからが表現なのかあいまいで判断がつきにくい場合があります。

1 ジャン・ピアジェの思考の発達段階

ジャン・ピアジェ（1896-1980）は、スイスの心理学者です。彼は、発生的認識論を提唱し、発達心理学者として質問と診断から臨床的な研究手法を確立しました。そして、思考の発達段階を次のように考えました。

ジャン・ピアジェの思考の発達段階

① 感覚運動段階（0歳～2歳ごろ）————感覚と運動が表象を介さずに直接結びついている時期
② 前操作段階（2歳～7歳ごろ）————他人の視点に立って理解することができず、自己中心的は特徴をもつ時期
　・表象的思考段階（2歳～3歳ごろ）
　・象徴的思考段階（3歳～4歳ごろ）
　・直感的思考段階（4歳～7歳ごろ）
③ 具体的操作段階（7歳～12歳ごろ）————数や量の保存概念が成立し、可逆的操作も行える時期
④ 形式的操作段階（12歳以降）————形式的操作、抽象的操作が可能になり仮説演繹的思考ができるようになる時期

ジャン・ピアジェが考えた思考の発達段階に、子どものつくる表現を照合すると次の表のようになります。

ジャン・ピアジェの思考の発達段階とつくる表現

発達段階	積木でつくる	粘土でつくる	物でつくる	砂でつくる
感覚運動段階 0歳～2歳ごろ	・音をだすなどして探索する	・つぶす、ちぎるなどして探索する ・跡をつける	・つぶす、投げるなどして探索する	・水と混ぜるなどして探索する ・跡をつける
象徴的思考段階 2歳～4歳ごろ	・操作し見立てて遊ぶ	・へびや団子など単純な形をつくる ・簡単な形を見立てる	・見立てて命名する ・組み合わせて命名する	・型を抜く ・線を書く ・見立てる ・穴を掘る
直感的思考段階 4歳～7歳ごろ	・構成する ・できた物から発想する	・半立体的にあらわす ・組み合わせてつくる	・形や色から発想し、つくって遊ぶ	・半立体的また立体的にあらわす ・理論を試みる
具体的操作段階 7歳～12歳ごろ	・目的や構想をもってつくり利用する	・立体であらわす ・宣言してつくる ・グループでつくる	・目的をもってつくり、あそびに利用する	・目的や構想をもってグループでつくる

2　発達過程にそったつくる表現

1 もてあそび期（1歳半～2歳半ごろ）

　この時期の子どもは、全身で紙や砂などの素材にふれ、その感触を楽しむあそびが中心となります。また、握る、叩く、抑えるなどの行為が見られるようになり、紙を破ったり、砂をかたまりとして形づくったりするようになります。

2 意味づけ期（2歳～3歳半ごろ）

　描く表現には象徴期（意味づけ期）があります。それと同様に、この時期の子どもは、つくった形を様々な物に見立てて遊ぶようになります。そして、3歳ごろからハサミを使って直線を切る（1回切り）ことができるようになります。

3 つくりあそび期（3歳～9歳ごろ）

　この時期の子どもは、遊ぶ目的をもってそのための玩具をつくるようになります。そして、自分でつくった物を乗り物や動物に見立てたあそびへ発展させる姿が見られます。　　　　　　　　　（江村）

第2章　幼児期の造形表現

つくる表現の発達過程

年齢	つくる表現	心身の発達
0歳〜1歳	・移動ができるようになり、様々な物を見て興味・関心をもつ。 ・物にふれようとする探索行動が見られる。 ・つくる表現には至らず、感触あそび（握る、押すなど）の中に表現の一端を見ることができる。	・座る、はう、つたい歩きなど運動機能の発達にともない、自分で行きたいところへ移動する。
1歳〜2歳	・積み木を2,3個積み上げたり、崩したりする。 ・試して確認する行為によって、その世界を理解しようとする。	・自分で歩き始めるようになり、手が自由になる。 ・手や指先のコントロールができるようになる。 ・つかむ、押す、引っぱる、投げる、握るなどの動作ができるようになる。
2歳〜3歳	・おりがみに折り目をつける。 ・石や積み木を並べることに夢中となり、高く積むことができる。 ・粘土を丸めて並べるなど何かをあらわす。 ・つくった物に名前や意味をつけ、見立てあそびを始める。 ・ハサミを使い始め、一回切りができる。 ・指先にのりをつけて紙を貼ることができる。 ・意識的に形づくったり、切ったりしてイメージを表現する。	・両手を同時に使うことができるようになる。 ・ねじる、つまむ、ちぎる、引っぱるなどの動作ができるようになる。
3歳〜4歳	・何かに見立てて箱を組み合わせる。 ・ハサミを連続で動かし、線に沿って切ることができる。 ・テープで紙同士をつけたり、色を組み合わせたりすることができる。 ・色紙、画用紙、段ボール、新聞紙などに興味をもつ。 ・目的、目標などを立てず、思うがままにつくりあげる。 ・型抜き容器を使ってプリンやケーキなどをつくり、見立てあそびをする。 ・粘土を丸めたり、細くのばしたりする。	・一人あそびや個人制作が中心になる。 ・友だちとの関係性が構築されていく。 ・周りの子どもの作品をまねることによって、互いに影響し合うことを知る。
4歳〜5歳	・ハサミを使って、細かい動き（ジグザグ・円など）ができるようになり、紙以外の紐や糸などをもちながら切ることができる。 ・自分のイメージに合った素材を選んでつくることができる。 ・おりがみの折り方図を立体的に解釈できる。 ・粘土で細かい表現をする。	・右利き、左利きが定まってくる。 ・2〜3人のグループでつくることを楽しめるようになり、みんなでつくったという達成感を味わうようになる。 ・視覚的に似せることより、知っている形態をもとに関係をあらわすような物をつくる。
5歳〜6歳	・様々な素材に興味と理解を示し、自分でイメージをもってつくる。 ・作品それぞれに関係性をもたせる。 ・扉や開くしかけなどに気づき、基地や家づくりの工作に取り入れる。 ・転がったり、動いたりするおもちゃの仕組みに興味をもってつくる。 ・失敗をくり返しながらつくる。	・周りの子どもとイメージを共有することができるようになる。 ・作品に物語性をもたせ、長期にわたるあそびを展開するようになる。 ・視覚的な世界を認識して、表と裏が分かるようになる。 ・工夫や技術を身につけ、より発展的に素材や用具を扱う。 ・科学的な視点に気づき始め、制作することに夢中となる。

保育者のQ&A

Q：3歳児が「もうやめる」といって活動を終えました。楽しくなかったのでしょうか？
A：3歳児は、まだ作品をつくり込む時期ではありません。あそびを楽しんだ満足感から「もうやめる」といったのかもしれません。4歳児になると、つくることを目的として、その結果「できた」という言葉を使うようになります。5歳児になると、こだわりをもってつくるようになり、その結果「失敗した」、「まだやりたい」という言葉を使うようになります。保育者が作品の完成度を求めたり、見本をまねさせようとしたりしたときには、「できない」、「先生やって」という言葉を使うようになります。活動中の言動に注目しながら子どもの心を捉えましょう。

Ⅴ. 保育者の役割

1 用具や素材について

　絵を描くとき、画材の持ち方や使い方などがうまくできずに戸惑っている子どもを見かけたら、まずどうしたいかを尋ねましょう。そして、やりたい気持ちはあるけれどうまくできない子どもには、一緒にやってみることを心がけましょう。また、基本的な用具の使い方は、子どもの発達に応じた指導を心がけましょう。保育者は、子どもの意欲を大切にしながら見守り、停滞した時にヒントを差しだすことができるようにしたいものです。

みんなで描く

2 作品について

　子どもの絵は、描きながら変化するものです。これは、子どもの絵の特徴であり発達過程を経た表現です。また、子どもの絵を保護者などに伝えるときの手立てとして、楽しかった経験や観察したもの、描いたときの思いなどを聴き取って書き留めておきましょう。そして、保育者のメモは、画用紙の裏に書き込んだり、別紙に書いて貼りつけたりしましょう。

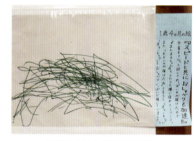

子どもの絵と保育者の記録

3 描かない、つくらない

　制作する過程には個人差があるため、子どもの発達に応じた援助や指導を心がけることが大切です。中には、描いている絵を急に丸めて捨ててしまったり、見られないように隠したりする子どももいます。それは、自分のイメージを形にできない悔しさや、周りの子どもの表現を意識し始めた自我の芽生えです。まず、子どもがやりたいことに向かわせましょう。

はずかしがる子ども

4 のびのび描く、のびのびつくる

　子どもが、用具や素材を自由に使えるようにすることは大切なことです。そして、用具や素材を大切に扱うことを指導しなければなりません。また、子どもが、決まった大きさの紙にバランスよく描くことは難しいものです。もし、紙からはみだしてしまっても、紙を継ぎ足すなどして思う存分に表現できるよう配慮したいものです。

（江村）

保育者のQ&A

Q：「（絵を）描きたくない」という子どもがいます。なぜですか？
A：子どもは、今は描きたくないや汚れるのが嫌などの嫌悪感、もしくは苦手意識を抱えていると考えられます。保育者は、「どうして描かないのか」と考えるのではなく、今、子どもが何に興味をもっているのかを汲み取ることが大切です。子どもが好きなときに画用紙と画材を使えるようにして、自分から描きたくなる環境を整えましょう。

Q：画用紙に思い切り描いてほしいのですが、どうしたらいいですか？
A：子どもは、画用紙に描くだけでなく、砂場に指で描いたり、地面に水で描いたりと、あそびの一つとして描くことを楽しみます。保育者は、子どもが何気なく描いた瞬間を見逃さず、「何を描いているの？」と言葉をかけましょう。また、子どもが認めてもらう経験は、描く意欲へつながります。

第3章
新しい保育内容

Ⅰ. 三つの法令の成立

　1945年（昭和20年）に第二次世界大戦が終了し、日本はそれまでの経験をもとに新しい時代を歩み始めました。そして、1946年（昭和21年）に「日本国憲法」が制定され、この憲法をもとに様々な法律が整備されました。

　新しい教育の基本を確立するため、1947年（昭和22年）に「教育基本法」と「学校教育法」が制定されました。また、将来を担う子どもの幸せを願って「児童福祉法」も制定されました。これらの法律により、幼稚園は「学校教育法」において学校の一つとして、保育所は「児童福祉法」において児童福祉施設の一つとして位置づけられました。

　幼稚園は1956年（昭和31年）に刊行された「幼稚園教育要領」、保育所は1965年（昭和40年）に告示された「保育所保育指針」に準じてそれぞれ保育を進めてきました。また、社会の要請を受け、2006年（平成18年）に「認定こども園法」が制定され、幼稚園と保育所の機能を併せもった「認定こども園」が生まれました。そして、2012年（平成24年）に「子ども・子育て支援関連三法・新制度」が制定され、2014年（平成26年）に「幼保連携型認定こども園教育・保育要領」が告示されました。

　現在の幼稚園教育要領は、幼稚園教育要領の第5次改訂、保育所保育指針は、保育所保育指針の第4次改訂、幼保連携型認定こども園教育・保育要領は、幼保連携型認定こども園教育・保育要領の第1次改訂として2017年（平成29年）に告示されたものです。

（木許）

Ⅱ. 三つの法令

　社会が多様化した時代を迎え、就学前の子どもの生活状況は刻々と変化しています。また、幼稚園と保育所に在籍する子どもの割合は同じくらいになっています。そして、認定こども園に在籍する子どもの割合が少しずつ増えています。幼児期の教育は幼稚園、保育所、認定こども園で受ける時代となりました。

　「幼稚園教育要領」、「保育所保育指針」、「幼保連携型認定こども園教育・保育要領」は、2017年（平成29年）にそれぞれ改訂・告示され、幼児教育の共通化をはかりました。そして、あらゆる施設における幼児期（満3歳以上）の教育を「幼児教育」と定め、その教育・保育内容を示しました。また、三つの法令の各領域に「ねらい」、「内容」、「内容の取扱い」を示しました。

1　幼稚園教育要領

1　幼稚園教育におけるカリキュラム・マネジメント

　カリキュラム・マネジメントとは、学校の教育目標の実現に向けて、子どもや地域の実態をふまえ、教育課程（カリキュラム）を編成、実施、評価し、改善を図る一連のサイクルを計画的かつ組織的に推進していくことを指します。

　幼稚園教育におけるカリキュラム・マネジメントは、次の三つの点に配慮して推進します。

カリキュラム・マネジメントの配慮事項

①　各領域のねらいを相互に関連させ、「幼児期の終わりまでに育ってほしい姿」や小学校の学びを念頭に置きながら、幼児の調和のとれた発達を目指し、幼稚園などの教育目標をふまえた総合的な視点で、その目標の達成のために必要とされる具体的なねらいや内容を組織すること。

②　教育内容の質の向上に向けて、幼児の姿や就学後の状況、家庭や地域の現状などにもとづき、教育課程を編成し、実施し、評価して改善を図る一連のPDCAサイクルを確立すること。

③　教育内容と教育活動に必要な人的・物的資源などを、家庭や地域の外部の資源も含めて活用しながら効果的に組み合わせること。

2　幼児教育において育みたい資質・能力と幼児期にふさわしい評価

　子どもは、様々な家庭環境や生活経験の中で育っていきます。そして、子どもが親しんだものを手がかりとして、自分自身の中にイメージをふくらませます。また、事象に気づいたり、物事を感じ取ったりします。

①　幼児教育における「見方・考え方」

　幼児教育における「見方・考え方」は、「幼児が身近な環境に主体的に関わり、環境との関わり方や意味に気づき、それらを取り込もうとして試行錯誤したり、考えたりするようになること」といえるでしょう。このような「見方・考え方」は、小学校以降の各教科に対する「見方・考え方」の基礎となるものです。

第3章　新しい保育内容

② 幼児教育において育みたい資質・能力

　幼児教育において育みたい資質・能力は、幼児教育の特質をふまえた三つの柱を具体化して考えます。

幼児教育の特質をふまえた三つの柱

① 「知識・技能の基礎」：あそびや生活の中で、豊かな経験を通して、何を感じたり、何に気づいたり、何が分かったり、何ができるようになるか。
② 「思考力・判断力・表現力などの基礎」：あそびや生活の中で、気づいたこと、できるようになったことなどを使いながら、どう考えたり、試したり、工夫したり、表現するか。
③ 「学びに向かう力・人間性など」：心情、意欲、態度が育つ中で、いかによりよい生活を営むか。

③ 幼児期の終わりまでに育ってほしい姿

　領域の内容などをふまえ、5歳児修了時までに育ってほしい具体的な姿を10の柱を立て明らかにしました。

幼児期の終わりまでに育ってほしい姿

① 健康な心と体
　幼稚園生活の中で充実感や満足感をもって自分のやりたいことに向かって心と身体を十分に働かせながら取り組み、見通しをもって自ら健康で安全な生活をつくりだしていけるようになる。
② 自立心
　身近な環境に主体的に関わり様々な活動やあそびを生みだす中で、自分の力で行うために思いを巡らせるなどして、自分でしなければならないことを自覚して行い、諦めずにやり遂げることで満足感や達成感を味わいながら、自信をもって行動するようになる。
③ 協同性
　友だちとの関わりを通して、互いの思いや考えなどを共有し、それらの実現に向けて、工夫したり、協力したりする充実感を味わいながらやり遂げるようになる。
④ 道徳性・規範意識の芽生え
　して良いことや悪いことが分かり、相手の立場に立って行動するようになり、自分の気持ちを調整し、友だちと折り合いをつけながら、決まりを守る必要性が分かり、決まりをつくったり守ったりするようになる。
⑤ 社会生活との関わり
　家族を大切にしようとする気持ちをもちつつ、様々な人と関わりながら、自分が役に立つ喜びを感じ、地域に一層の親しみをもつようになる。あそびや生活に必要な情報を取り入れ、情報を伝え合ったり、活用したり、情報にもとづき判断しようとしたりして、情報を取捨選択などして役立てながら活動するようになるとともに、公共の施設を大切に利用したりして、社会とのつながりの意識などが芽生えるようになる。
⑥ 思考力の芽生え
　身近な事象に積極的に関わり、物の性質や仕組みなどを感じ取ったり気付いたりする中で、思いを巡らせ予想したり工夫したりするなど、多様な関わりを楽しむようになるとともに、友だちなどの様々な考えにふれる中で、自ら判断しようとしたり考え直したりして、新しい考えを生みだす喜びを味わいながら、自分の考えをより良いものにするようになる。
⑦ 自然との関わり・生命尊重
　自然にふれて感動する体験を通して、自然の変化などを感じ取り、身近な事象への関心が高まりつつ、好奇心や探究心をもって思いを巡らせ、言葉などであらわしながら、自然への愛情や畏敬の念をもつようになる。身近な動植物を命あるものとして心を動かし、親しみをもって接し、いたわり大切にする気持ちをもつようになる。
⑧ 数量・図形、文字等への関心・感覚
　あそびや生活の中で、数量などに親しむ体験を重ねたり、標識や文字の役割に気づいたりして、必要感からこれらを活用することを通して、数量・図形、文字などへの関心・感覚が一層高まるようになる。
⑨ 言葉による伝え合い
　言葉を通して先生や友達と心を通わせ、絵本や物語などに親しみながら、豊かな言葉や表現を身につけるとともに、思いを巡らせたことなどを言葉で表現することを通して、言葉による表現を楽しむようになる。
⑩ 豊かな感性と表現
　みずみずしい感性をもとに、生活の中で心動かすできごとにふれ、感じたことや思いを巡らせたことを自分で表現したり、友だち同士で表現する過程を楽しんだりして、表現する喜びを味わい、意欲が高まるようになる。

「幼児期の終わりまでに育ってほしい姿」は、それぞれの項目を個別に取りだし指導されるものではありません。5歳児修了時に「ねらい」を達成するために保育者が指導し、子どもが身につけていくことがのぞまれるものを抽出し、それらを具体的な姿として整理したものです。

　幼児教育は環境を通して行うものであり、子どもの自発的な活動としての「あそび」を通して、これらの姿が育っていくことに配慮しなければなりません。

④　幼児期にふさわしい評価

　三つの法令において「幼児期の終わりまでに育ってほしい姿」を明らかにし、方向性を示すことにともない、評価についても改善されなければなりません。そして、これまでの子ども一人ひとりの良さや可能性を評価する考え方は維持しながら、各領域の「ねらい」や「幼児期の終わりまでに育ってほしい姿」へ向かう視点を加えた評価がのぞまれます。また、子どもを比較することや基準に対する達成度、習熟度を評価することにはならないよう注意しなければなりません。

3 教育内容の見直し

　次の点について注意しながら教育内容の見直しをはかる必要があるといわれています。

> **教育内容の見直しにおける注意点**
> ①　子どもを取り巻く環境の変化をふまえ、安全な生活や社会づくりに必要な資質・能力を育む観点から、安全についての理解を深める。
> ②　多様な運動経験の重要性の指摘をふまえ、身体の諸部位を使った様々な体験を重視する。
> ③　自己制御や自尊心など非認知能力を育成する。
> ④　様々な文化や伝統にふれたり、異なった文化などにふれたりする。

4 「主体的・対話的で深い学び」の実現

　幼児教育における「あそび」は、環境の中で様々な形態によって行われています。そして、保育者は次の三つの視点をふまえ、指導の改善をはかる必要があります。また、発達過程によって子どもの実態を把握し、柔軟な対応が求められています。

> **三つの視点**
> ①　「主体的な学び」の視点
> 　　周囲の環境に興味・関心をもって積極的に働きかけ、見通しをもって粘り強く取り組み、自らのあそびをふり返って、期待をもちながら次へつなぐ「主体的な学び」が実現できているか。
> ②　「対話的な学び」の視点
> 　　他者との関わりを深める中で、自分の思いや考えを表現し、伝え合ったり考えをだし合ったり協力したりして、自らの考えを広め深める「対話的な学び」が実現できているか。
> ③　「深い学び」の視点
> 　　直接的、具体的な体験の中で「見方・考え方」を働かせ、対象に関わり心を動かし、子どもなりのやり方やペースで試行錯誤をくり返しながら、生活を意味のあるものとして捉える「深い学び」が実現できているか。

2 保育所保育指針

　2008年（平成20年）に保育所保育指針が第3次改訂されたのち、2015年（平成27年）には子どもの育ちと子育てを社会全体で支える「子ども・子育て支援新制度」が施行されました。そして、0歳から2歳児を中心とした保育所利用者数の増加など社会情勢の変化をふまえて、新しい保育所保育指針（第4次改訂）が策定されました。また、「保育所の役割」が「第1章　総則　1　保育所保育に関する基本原則」の中に明記されました。

「第1章　総則　1　保育所保育に関する基本原則」より

（1）保育所の役割
ア　保育所は、児童福祉法（昭和22年法律第164号）第39条の規定に基づき、保育を必要とする子どもの保育を行い、その健全な心身の発達を図ることを目的とする児童福祉施設であり、入所する子どもの最善の利益を考慮し、その福祉を積極的に増進することに最もふさわしい生活の場でならなければならない。
イ　保育所は、その目的を達成するために、保育に関する専門性を有する職員が、家庭との緊密な連携の下に、子どもの状況や発達過程を踏まえ、保育所における環境を通して、養護及び教育を一体的に行うことを特性としている。
ウ　保育所は、入所する子どもを保育するとともに、家庭や地域の様々な社会資源との連携を図りながら、入所する子どもの保護者に対する支援及び地域子育て家庭に対する支援等を行う役割を担うものである。
エ　保育所における保育士は、児童福祉法第18条の4の規定を踏まえ、保育所の役割及び機能が適切に発揮されるように、倫理観に裏付けられた専門的知識、技術及び判断をもって、子どもを保育するとともに、子どもの保護者に対する保育に関する指導を行うものであり、その職責を遂行するための専門性の向上に絶えず努めなければならない。

　さらに、保育所が「幼児教育を行う施設」として位置づけられていることも忘れてはなりません。幼稚園教育要領と同じように、「（1）育みたい資質・能力」として3項目、「（2）幼児期の終わりまでに育ってほしい姿」として10項目をあげています。
　これらのことから、保育の内容を「乳児保育」、「1歳以上3歳未満児」、「3歳以上児」の三つの区分として捉えていることを確認しなければなりません。

3 幼保連携型認定こども園教育・保育要領

　幼保連携型認定こども園教育・保育要領は、幼稚園教育要領と保育所保育指針の整合性を確保し、小学校教育への円滑な接続に配慮されなければなりません。そして、次の九つの点について、これまでの経緯をふまえながら改訂されました。

幼保連携型認定こども園教育・保育要領の改訂点

① 幼保連携型こども園の教育と保育が一体的に行われていることを、教育・保育要領の全体を通して明確に記載した。
② 幼保連携型こども園の教育及び保育において育みたい資質・能力「幼児期の終わりまでに育ってほしい姿」を明確化した。
③ 園児の理解に基づいた評価の実施、特別な配慮を必要とする園児への指導の充実を図った。
④ 教育及び保育の内容並びに子育て支援等に関する全体的な計画を明確化した。
⑤ 幼保連携型認定こども園として特に配慮すべき事項の充実を図った。
⑥ 乳児期及び満１歳以上満３歳未満の園児の保育に関する視点及び領域、ねらい及び内容並びに内容の取扱いに新たな記載を行った。保育の内容の改善、充実を図った。
⑦ 近年の子どもの育ちをめぐる環境の変化等を踏まえ、満３歳以上の園児の教育及び保育の内容の改善、充実を図った。
⑧ 近年の課題に応じた健康及び安全に関する内容の充実を図った。
⑨ 子育ての支援に関する内容の充実を図った。

　三つの法令は、保育の内容においてそれぞれが独自性をもっています。しかし、幼稚園、保育所、認定こども園の三者が保育のニーズにどう応えていくかを考えなければなりません。そして、認可保育施設として量、質ともに多様化する保育のニーズに応えなければならない時代に、保育の内容の充実は様々な方面からも問われるものとなるでしょう。また、保育の実践の場で、それぞれがどのような保育を展開していくのか注視されることになるでしょう。　　　　　　　　　　　　　　　　　　　　　（木許）

Ⅲ. 保育内容と領域「表現」

　三つの法令にある保育内容は、基本的にこれまでに行われてきた幼児教育を踏襲したものになっています。

1 保育内容

　これまでの「ねらい」は、「（前略）幼稚園修了までに育つことが期待される生きる力の基礎となる心情、意欲、態度などであり、（後略）」と示されていましたが、現在の「ねらい」には、「（前略）幼稚園教育において育みたい資質・能力を幼児の生活する姿から捉えたものであり、内容は、ねらいを達成するために指導する事項である。」と示されています。つまり、「ねらい」は「子どもの姿」、「内容」は「保育者の指導や援助」と捉えることができます。

　また、「幼児期の終わりまでに育ってほしい姿」が、ねらい及び内容に基づく活動全体を通して資質・能力が育まれている幼児の幼稚園修了時の具体的な姿であることを踏まえ、指導を行う際に考慮するものとする。」とあり、「幼稚園教育において育みたい資質・能力」、「幼児期の終わりまでに育ってほしい姿」が反映されています。

2 領域「表現」

　「表現」では、「内容の取扱い」の「（１）豊かな感性は、身近な環境と十分に関わる中で美しいもの、優れたもの、心を動かす出来事などに出会い、（中略）風の音や雨の音、身近にある草や花の形や色など自然の中にある音、形、色などに気付くようにすること。」、「（３）（前略）表現する意欲を十分に発揮させることができるように、遊具や用具などを整えたり、様々な素材や表現の仕方に親しんだり、他の幼児の表現に触れられるよう配慮したりし、表現する過程を大切にして自己表現を楽しめるように工夫すること。」が新たに加えられました。

　これには、「幼児期の終わりまでに育ってほしい姿」の〈⑩豊かな感性と表現〉にある「生活の中で心動かす出来事に触れ、様々な表現を楽しむ」、「表現する過程を楽しむ」、「表現する喜びを味わい、表現する意欲が高まる」などが含まれています。

3 3歳未満児の保育の充実

　3歳未満児の保育の充実をはかるために、乳児や低年齢の子どもの発育・発達をふまえて、「乳児保育」、「1歳以上3歳未満児」の保育の内容を示しています。この時期の子どもは、成長の幅が大きく、個々に合わせた保育をすることが必要とされています。

　また、乳児保育の保育内容に関しては、五つの領域ではなく次の三つの視点が示されています。(木許)

乳児保育に関わるねらい及び内容

ア　健やかに伸び伸びと育つ
　健康な心と体を育て、自ら健康で安全な生活を作り出す力の基盤を培う。

イ　身近な人と気持ちが通じあう
　受容的・応答的な関わりの下で、何かを伝えようとする意欲や身近な大人との信頼関係を育て、人と関わる力の基盤を培う。

ウ　身近なものとの関わり感性が育つ
　身近な環境に興味や好奇心をもって関わり、感じたことや考えたことを表現する力の基盤を培う。

Ⅳ. 小学校教育への接続

　小学校、中学校、高等学校で用いられる「学習指導要領」は、次の育成すべき資質・能力に三つの柱を立て、「確かな学力」、「健やかな体」、「豊かな心」を総合的に捉えています。

育成すべき資質・能力

① 知識・技能（何を理解しているか・何ができるか）
② 思考力・判断力・表現力等（理解していること・できることをどう使うか）
③ 学びに向かう力・人間性等（どのように社会・世界と関わり、よりよい人生を送るか）

　幼児教育では、この三つの柱に向って、幼児教育の特性である「環境を通して行う教育」、「遊びを通しての総合的な指導」をふまえた「幼児教育において育みたい資質・能力」を次の図のように整理しています。

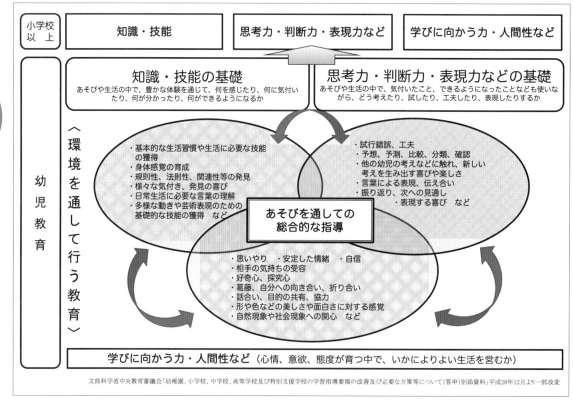

幼児教育において育みたい資質・能力

さらに、「幼児期の終わりまでに育ってほしい姿」を次の図のように示しています。そして、幼児教育を行うあらゆる施設がこれを目指して教育しなければなりません。また、小学校教育への接続を意識することによって、幼児教育の「質」の担保となるでしょう。 　　　　　　　　　　　　（木許）

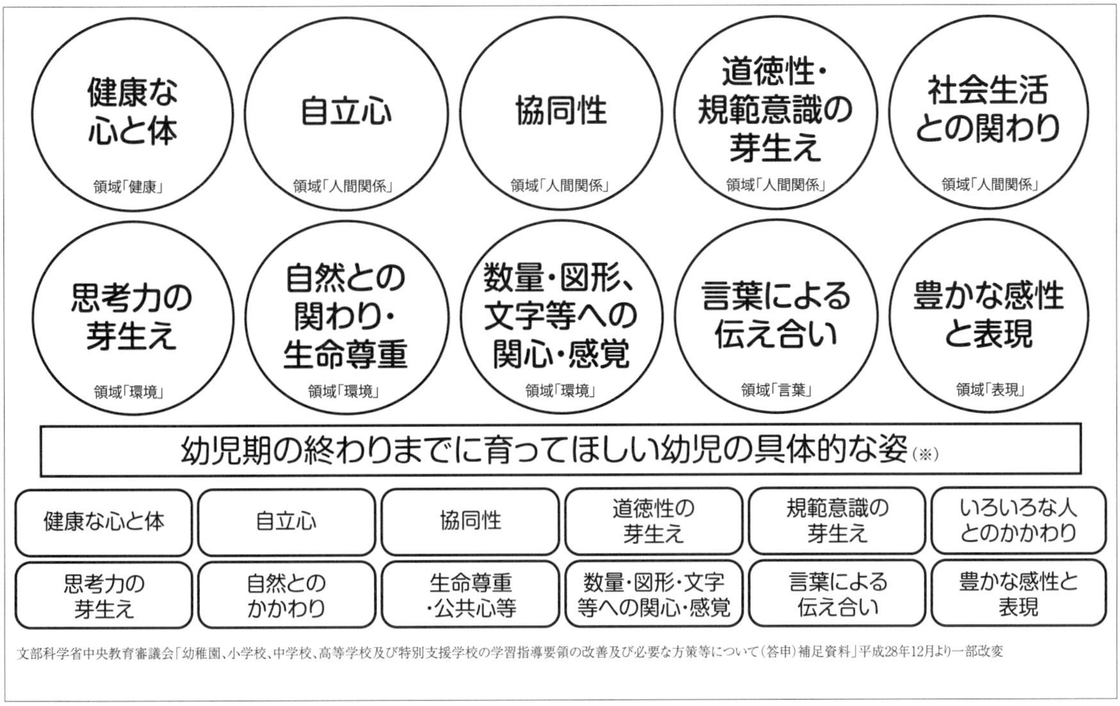

健康な心と体	自立心	協同性	道徳性・規範意識の芽生え	社会生活との関わり
領域「健康」	領域「人間関係」	領域「人間関係」	領域「人間関係」	領域「人間関係」
思考力の芽生え	自然との関わり・生命尊重	数量・図形、文字等への関心・感覚	言葉による伝え合い	豊かな感性と表現
領域「環境」	領域「環境」	領域「環境」	領域「言葉」	領域「表現」

幼児期の終わりまでに育ってほしい幼児の具体的な姿(※)

健康な心と体	自立心	協同性	道徳性の芽生え	規範意識の芽生え	いろいろな人とのかかわり
思考力の芽生え	自然とのかかわり	生命尊重・公共心等	数量・図形・文字等への関心・感覚	言葉による伝え合い	豊かな感性と表現

文部科学省中央教育審議会「幼稚園、小学校、中学校、高等学校及び特別支援学校の学習指導要領の改善及び必要な方策等について(答申)補足資料」平成28年12月より一部改変

幼児期の終わりまでに育ってほしい姿

第3章　新しい保育内容　45

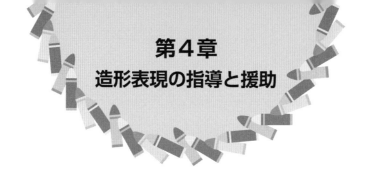

第4章 造形表現の指導と援助

Ⅰ. 環境が育む表現

1　子どもの主体的な活動

　子どもは、あそびの中で様々なものに探求心や好奇心をもって関わりながら、自発的な活動を展開していきます。そこで重要になるのが、子どもにとって「魅力のある環境」です。そして、それらの環境は、子どもが表現する場や空間にもなります。保育者は、子どもがどのように環境へ関わり、そこに意味を見出していくかという見通しをもちながら、環境構成することが大切です。

2　造形表現における環境

　子どもを取り巻く環境には、物的環境、人的環境、自然環境、社会の事象などがあります。
　物的環境では、素材の工夫、発達過程に合わせた用具や教材の準備を心がけましょう。そして、子どもがイメージに合わせた素材を選んだり、色を組み合わせたり、用具をうまく使えるようになったりすることへとつなぎましょう。
　人的環境では、ともに活動する友だちや保育者、保護者、地域の人々との関わりを大切にしましょう。そして、友だちをまねたり、保育者と楽しさを共有したりしながら、達成感や満足感を得ることへとつなぎましょう。
　自然環境では、季節の変化、生命の尊さなどに気づく様々な体験を大切にしましょう。そして、草花の美しさを色であらわしたり、生き物が誕生した喜びを絵や言葉であらわしたりする活動へとつなぎましょう。
　造形表現では、子どもが環境に働きかけ、自分なりのやり方を発見し、その環境に価値を見出すことが大切です。子どもは、そのような体験を重ねることによって、創造性を豊かにしていくことでしょう。

3　体験の充実

　子どもは、様々な環境に出会うことにより、いくつもの体験を重ねていきます。そして、一つひとつの体験が、心身の感覚を磨き、感性として育まれていくことでしょう。また、その感性は、想像力を豊かにし、思ったり考えたりしたことを具体的な形や色であらわす表現へとつながっていきます。
　子どもの体験から表現に至る流れを、保育現場の水槽で魚が孵化する場面を例に考えてみましょう。

《造形表現のプロセス》

① 体験する	② 感性を育む	③ 表現する
〈孵化を観察する〉 ・水草に産みつけられた卵を発見する。 ・卵の中で稚魚が成長する様子を観察する。 ・稚魚の誕生を喜ぶ。	〈できごとに感動する〉 ・卵の輝きに美しさを感じる。 ・卵の中に透けて見える目にかわいさを感じる。 ・孵化する稚魚に不思議さを感じる。	〈イメージをあらわす〉 ・ビニールを丸めて卵のようなものをつくる。 ・紙を使って、工夫しながら稚魚の目をつくる。 ・ビニールの卵に穴をあけ、稚魚がでてくる場面をつくる。

4　保育者による環境構成

　保育者による環境構成は、子どもの発達を促すことへつながり、その成長に大きな影響を与えます。そのため、環境を通して子どものどのような育ちを期待するのかという保育者の思いを明確にすることが大切です。そして、発達に必要な体験を重ねられるよう、計画的に環境構成することがのぞまれます。しかし、その環境は、子どもの満足感や達成感を十分に引きだすものばかりではありません。子どもが必要とする新たな環境を、その時々に合わせて生みだせるようにすることも保育者の大きな役割といえるでしょう。

（齋藤）

保育者のQ&A

Q：保育者がつくる壁面構成や飾りつけは、子どもに影響を与えますか？
A：子どもが一日の大半を過ごす保育室の環境は大切です。保育者が壁面構成に用いる色によっても、明るく楽しい雰囲気を演出することができます。
　赤は、元気がでたり暖かさを感じたりする色と考えられています。
青は、心身を穏やかにさせたり集中力を上昇させたりする色と考えられています。
黄は、楽しい感情をだしたり緊張を和らげたりする色と考えられています。環境を整えるには、色彩感覚を含め保育者の感性が大切になるでしょう。

Ⅱ. 指導計画の作成

　指導計画とは、保育の基本となる「教育課程」や全体的な計画を具体的にした「保育の計画」を指します。そして、年間指導計画、期間指導計画、月間指導計画などの中・長期的な指導計画と、週間指導計画（週案）や１日の指導計画（日案）といわれる短期的な指導計画があります。子どもの発達過程を見通し、生活の連続性、季節の変化などを考慮した中・長期的な指導計画を立てましょう。さらに、子どもの実態を見ながら具体的なねらいや内容を考慮した短期的な指導計画として立てていくといいでしょう。

指導計画の注意点

子どもへの指導	子どもとの関わり	指導計画の順序	教材に関わる子どもの様子
① 認める	① 聴く	① 導入	① 自分でできる子
② ほめる	② 話す	② 展開	② 仲間と一緒にできる子
③ 励ます	③ 黙って示す	③ まとめ	③ 先生が手伝ってできる子

　また、表の中にある「教材に関わる子どもの様子」では、①自分でできる子を60%、②仲間と一緒にできる子を20%、③先生が手伝ってできる子を20%として考えると、子どもが楽しんで活動できる教材を選択することができるでしょう。

1 指導計画の分類

　指導計画を分類すると大きく二つの道筋に分かれます。

　まず、日々のあそびの中から伸ばしたい力などを見極め活動に結びつける「あそび発展型」があります。これは、子どものあそびが様々な方向へ展開することを想定して、保育者が素材や用具などの環境を整え、それらへ関わる子どもの姿を見守る指導計画です。

　次に、保育者が明確なねらいを定め、子どもにあそびや活動を促す「活動提案型」があります。これは、保育者が大まかな活動の道筋を立てる指導計画です。そして、子どもの活動を制限しないよう留意しなければなりません。

2 子どもの主体性と指導・援助の計画性

　幼児教育では、子どもが周りの様々な環境と関わり、主体性をもって生活することが、生きる力の基礎を培ううえで意義あるものだと考えられています。しかし、周りの環境が子どもの発達に合ったものでなかったり、適切な指導や援助が行われなかったりすると、子どもの興味・関心を引きだすことはできません。つまり、子どもが主体的に環境と関わることを通して、子ども自身の発達に必要な体験を積み重ねるためには、子どもの生活自体に計画性が必要であるといえるでしょう。

3 子どもの発達を理解する

　指導計画を作成する場合は、子ども一人ひとりの発達を捉え、子どもの生活を見通すことが基本となります。子どもの発達を理解するということは、月齢や年齢ごとの平均的な発達過程と子どもの実情を比較するだけではありません。また、子どもがどのようなことに興味・関心をもってきたか、どのような力を発揮してきたか、周りとの関係性はどうであったかなどを理解しましょう。

4 「幼児教育において育みたい資質・能力」を見据えた指導計画

　三つの法令は、第3章で学んだように、「高等学校を卒業するまでに子どもが身につけておくべきことは何か」という視点や、「義務教育を終える段階で身につけておくべき力は何か」という視点をもってつくられています。そして、小学校以上の学習指導要領と共通した考え方によって、「育むべき資質・能力の三つの柱」として整理しています。つまり、変化し続ける社会へ対応するための知識や技能の習得だけでなく、どのような状況下においても柔軟に対応できる能力を身につけていこうというものです。

小学校学習指導要領より「教育すべき資質・能力の三つの柱」

① 何を知っているか、何ができるか（個別の知識・技能）
② 知っていること・できることをどう使うか（思考力・判断力・表現力等）
③ どのように社会・世界と関わり、よりよい人生を送るか（学びに向かう力・人間性等）

　「幼児教育において育みたい資質・能力」は、小学校以上の教科指導で育むのではなく、子どもの自発的な活動であるあそびを通して、感性を磨きながら様々な方法などを習得したいものです。

5 「幼児期の終わりまでに育ってほしい姿」と領域「表現」をふまえた指導計画

　2010年（平成22年）、五つの領域をふまえ、5歳児修了時までに育ってほしい具体的な姿が「幼児期の教育と小学校教育の円滑な接続の在り方について（報告）」としてまとめられました。これを手がかりに、「幼児期の終わりまでに育ってほしい姿」が作成されました。これは、5歳児修了時の子どもにどのような資質・能力が育っているかという保育の評価軸です。そして、「育ってほしい姿」であり、「できなければならない姿」ではないことに留意して指導計画を立てましょう。

第4章　造形表現の指導と援助　49

6 ねらい

「ねらい」は、子どもに育ってほしい姿と捉えます。

保育所保育指針にある「乳児保育に関わるねらい」、「1歳以上3歳未満児の保育に関わるねらい」、「3歳以上児の保育に関わるねらい」を比較すると次のようになります。

「ねらい」の比較

・乳児保育に関わるねらい（ウ　身近なものと関わり感性が育つ）
　① 身の回りのものに親しみ、様々なものに興味や関心をもつ。
　② 見る、触れる、探索するなど、身近な環境に自分から関わろうとする。
　③ 身体の諸感覚による認識が豊かになり、表情や手足、体の動き等で表現する。
・1歳以上3歳未満児の保育に関わるねらい（オ　表現）
　① 身体の諸感覚の経験を豊かにし、様々な感覚を味わう。
　② 感じたことや考えたことなどを自分なりに表現しようとする。
　③ 生活や遊びの様々な体験を通して、イメージや感性が豊かになる。
・3歳以上児の保育に関わるねらい（オ　表現）
　① いろいろなものの美しさなどに対する豊かな感性をもつ。
　② 感じたことや考えたことを自分なりに表現して楽しむ。
　③ 生活の中でイメージを豊かにし、様々な表現を楽しむ。

7 内容

「内容」は、保育者がねらいに向かって指導・援助することと捉えます。

幼稚園教育要領の「内容」において、造形と関わる部分を取り上げます。

2 内容

（1）生活の中で様々な音、形、色、手触り、動きなどに気付いたり、感じたりするなどして楽しむ。
（2）生活の中で美しいものや心を動かす出来事に触れ、イメージを豊かにする。
（3）様々な出来事の中で、感動したことを伝え合う楽しさを味わう。
（4）感じたこと、考えたことなどを音や動きなどで表現したり、自由にかいたり、つくったりなどする。
（5）いろいろな素材に親しみ、工夫して遊ぶ。
（6）音楽に親しみ、歌を歌ったり、簡単なリズム楽器を使ったりなどする楽しさを味わう。
（7）かいたり、つくったりすることを楽しみ、遊びに使ったり、飾ったりなどする。
（8）自分のイメージを動きや言葉などで表現したり、演じて遊んだりするなどの楽しさを味わう。

内容の中から、造形に関わる（1）、（2）、（3）、（4）、（5）、（7）について考えましょう。

（1）生活の中で様々な音、形、色、手触り、動きなどに気付いたり、感じたりするなどして楽しむ。

　　《例》子どもが草花や虫を見る。それらとの出会いから喜怒哀楽などの情動が生じ、心が揺さぶられ何かを感じとる。そして、子どもなりのイメージを抱く。

（2）生活の中で美しいものや心を動かす出来事に触れ、イメージを豊かにする。

　　《例》子どもの心の中に豊かなイメージを蓄積させる。それらを組み合わせたり様々なものを思い浮かべたりする想像力や新しいものをつくりだす力へとつながる。

（3）様々な出来事の中で、感動したことを伝え合う楽しさを味わう。

《例》じっと見る、歓声をあげる，身振りで伝えようとするなど、言葉以外の様々な方法で感動を表現する。そして、保育者は、それを受け止める。

（4）感じたこと、考えたことなどを音や動きなどで表現したり、自由にかいたり、つくったりなどする。

《例》絵を描きながらその内容に関連したイメージを言葉などで表現する。子どもの素直な表現として、形や色などに託して自由に表現する。

（5）いろいろな素材に親しみ、工夫して遊ぶ。

《例》子どもは、思わぬものをあそびの中に取り入れる。そして、枝や空き箱などを様々なものに見立てたり、組み合わせたりしながら自分なりの表現の素材とする。

（6）かいたり、つくったりすることを楽しみ、遊びに使ったり、飾ったりなどする。

《例》子どもは、明確な必要性を求めて、描いたりつくったりしていない。身近な素材にふれて、その心地よさに浸っていることも多い。そして、目的をもってあそびを展開していく。

8 内容の取扱い

「内容の取扱い」は、保育者が指導・援助するうえで留意することと捉えます。

子どもの豊かな感性は、身近な環境と関わり感動体験を経て、周りと共有しながら様々な表現をすることによって磨かれます。そのため、子どもが興味・関心を抱き、主体的に関わることができるような環境が大切です。環境は、絵本や紙芝居など子どもに身近な文化財、絵や音楽のある生活環境など、幅広く考えられます。 そして、子どもの自己表現は、素朴な形であらわれることが多いため、保育者が子どもの表現したい意欲を受け止め、様々表現を楽しむことができるように指導・援助しなければなりません。また、子どもが体験を重ねイメージをふくらませることができるよう、特定の表現活動に偏ることなく、子どもが楽しんで表現できる環境づくりに留意しなければなりません。

9 環境構成

指導計画を作成するうえで環境構成は重要なポイントです。ここでは、造形表現の視点においての四つの環境構成についてふれます。

1 場

子どもが様々なものに目を向けたり、一つのことに打ち込んだり、みんなで走り回ったりなど、子どもの要求に対応できる空間づくりを心がけたいものです。子どもが居たいと思う空間を子ども自身が選択できるよう整えましょう。

2 人

子どもにとって共感したり、競い合ったりする相手として友だちの存在は大きいものです。また、安心してつくったり、描いたりできるよう見守ってくれる保育者の存在も大きいものです。

3 素材

　素材は、見たりふれたりすることによって興味をもち、つくりたいという意欲をかき立てるものです。子どもが楽しむ素材は、シンプルな形の物がいいでしょう。また、地域特有の素材がある場合は、それらを積極的に活用しましょう。

4 用具

　用具は、発達に合ったものを適切な時期に用いることが大切です。また、安全面や衛生面に留意し、子どもが使いたい用具を選択できるよう準備しましょう。

10　保育者の指導・援助の留意点

　保育者は、子どもが活動する中で、主体性や自発性を発揮できるよう指導・援助しなければなりません。今、何に興味・関心を示しているのか、どのような体験をしているのか、活動のいきづまりはないかなど、保育者が現状を見きわめるよう心がけたいものです。

1 導入の工夫

　導入は、子どもが興味・関心をもつ言葉がけから始めましょう。そして、これまで子どもが展開してきたあそびに広がりをもたせることが大切です。それぞれの場面で必要となる素材や用具を予想して準備しましょう。

2 保育者の言葉

　保育者は、子どもが活動する中で発する言葉に耳を傾け、今、何を感じているのかを観察しましょう。そして、「うまくできたね」、「じょうずだね」と短い言葉でほめるのではなく、「花びらを黄色に塗ったところがかわいいね」というように、より具体的な言葉でほめましょう。

3 保育者の姿

　活動の主体は子どもです。時には、保育者も子どもと一緒に楽しみ、その姿を見せることによって、子どもの学びが深まり、豊かな表現へとつながることでしょう。

11 指導計画の実際

指導計画は、保育の中で子どもへの指導・援助を考えるためのものです。日々の保育の流れや内容を時系列で記述し、客観的かつ具体的に計画するよう心がけましょう。そのためには、子どもの生活やあそびなどを日誌として記録しておく必要があります。そこから子どもの姿を見つめ、指導計画にいかしたいものです。

1 指導計画の立て方 ・・・・・・・・・・・・・・・・・・・・・・・・・・・・・・・・

1日実習の指導計画は、子どもの登園から降園までの保育の流れを計画します。そして、部分実習の指導計画は、あそびや歌、造形など一つの活動について計画します。

指導案の様式（参考）

年　　月　　日（　　　） 天候：	歳児　男児：　　　名 組　女児：　　　名	実習生： 実習担当者：
現在の子どもの姿： 　○これまでの観察や子どもとの関わりの中からクラス全体の様子を記入する。		
活動のタイトル：		

ねらい：	内容：
○生活やあそびの連続性と発達の実情に応じて設定する。　①　生活の流れやあそびの様子　②　興味・関心の方向性　③　季節の変化や行事との関連性　④　保育者や他児との人間関係の育ち ○活動を経験することで育ってほしい　　　　　　　　〈心情・意欲・態度〉を書く。　・心情：「おもしろそう。不思議だ」と感じること。　《例》〜を楽しむ。〜に親しむ。〜を感じる。〜を味わう。　・意欲：「やってみたい。知りたい」という気持ち。　《例》積極的に〜。すすんで〜。〜を試す。〜しようとする。　・態度：「がんばろう。調べてみよう」などの行動。　《例》〜を大切にする。〜と協力する。 【基本文】　・「何を」「どのように」「どうする〈心情・意欲・態度〉」　《例》いろいろな型を用いて、自分なりにスタンプすることを楽しむ。	○ねらいを達成するために経験する内容を具体的に書く。　《例》いろいろな型のおもしろさに気づき、型を組み合わせながらスタンプする。

第4章　造形表現の指導と援助　　53

時間	環境の構成	予想される子どもの活動（姿）	保育者の援助、留意点
	○物的環境や人的環境などを文字や図を使って具体的に書く。 ○導入時の保育者の立ち位置や、素材を取りに行く子どもの動線などを考える。 【基本文】 ・「いつ・どの場面で」「〜できるように」「〜しておく」 《例》絵の具コーナーで、好きな色を選べるように、4色（赤・青・黄・緑）の絵の具を準備しておく。	○これまでの生活の流れや経験から、予想されるあそびの広がりを書く。 ○クラス全体、または一人ひとりの姿を想定し、何を楽しいと感じるのか、何に困るのかなど活動を見通した子どもの思いを具体的に書く。 ○〈導入・展開・まとめ〉の構成を意識する。 ・導入：これから始まる活動に興味・関心をもち、好奇心を引きだすように書く。 ・展開：子どもが主体的に活動できるように書く。 ・まとめ：主活動をふり返り、次の活動への意欲につながるように書く。	○「予想される子どもの活動（姿）」に対応させ、保育者の援助方法を書く。 ○活動の流れの中で留意しなければならないことや、個別の対応が必要だと思われることを書く。 【基本文】 ・「いつ・どの場面で」「〜できるように」「〜する」 《例》子どもたちの色づかいを見ながら、色が混ざり合うおもしろさに気づけるよう促す。 《言葉の例》援助する。見守る。促す。働きかける。受け止める。 〜して楽しめるようにする。 〜に取り組めるようにする。

② 指導計画の実践・省察 ・・・・・・・・・・・・・・・・・・・・・・・・・・・・

　指導計画は、実習の場合、担当の保育者が確認し、修正などを経て実践されます。指導計画通りに実践することは、容易なことではありません。むしろ、うまくいかないことが学びとなります。失敗した体験に向き合い、その場面や子どもの言葉などを具体的にふり返ることによって、子どもの姿を捉えることができるようになるでしょう。指導計画は、あくまでも全体の流れを把握するものです。子どもの活動を制限することがないよう心がけましょう。また、省察の部分には、反省だけでなく自分ができたと思うところも記述しておきましょう。

（江村）

Ⅲ. 評価と指導計画の改善

1 評価の考え方

　評価は、子ども一人ひとりのいいところや特徴となるところを把握し、「その子らしさ」として育んでいくためのものです。活動の結果のみを評価するのではなく、その過程に着目し、子どもの取り組む姿を評価することがのぞまれます。また、子どもの意欲や態度を見つめることが大切となるでしょう。そして、ほかの子どもとの比較や一定の基準への達成度によって、評価するものではないことにも留意したいものです。

保育者の Q&A

Q：子どもの作品をほめた方がいいと聞きましたが、いいほめ方はありますか？
A：まず、どこがどのようにいいのか、具体的に伝えることが大切です。子どもの作品の特徴を明らかにして、その子どもの個性を育むことを目指しましょう。ほめ方によっては、大人が気に入るような作品を意識してつくるようになってしまうことがあります。

2 PDCA サイクル

　保育現場では、定期的に評価と改善をくり返し、保育の質を向上させていくことが求められています。それは、計画、実行、評価、改善という流れです。

PDCA サイクルの流れ
計画（Plan）：発達過程や子どもの実情をふまえた計画を立てる。
実行（Do）：計画にもとづいて指導・援助を行いその記録を取る。
評価（Check）：指導計画と実践記録から保育をふり返り、自己評価を行う。
改善（Action）：課題を明確にし、次の計画に反映させる。

　指導計画の改善は、保育者が一人で行うことも可能です。しかし、保育者間で相互評価したうえで改善していくことも考えなければなりません。また、評価は、保育現場が組織的に取り組むことにより、保育者の共通理解と協力体制を築くことができるでしょう。

3　保育者の資質の向上

　子育ての環境が多様化する中で、保育者の地域社会における役割は重要なものとなっています。また、日々の保育のみならず、保護者の支援や地域子育て支援への期待も高まっています。これからの保育者には、保育の専門家として資質の向上に努める研究的な態度が求められます。そして、子どもを取り巻く社会の状況を捉えながら、自らの保育の改善と子どもへの理解を深めることがのぞまれます。さらに、公開保育や研修における事例研究、専門的な外部研修の受講も必要となるでしょう。　　　　　　（齋藤）

保育者のQ&A

Q：子どもの作品を見て「上手にできたね」としかいえません。どのようにすればいいですか？

A：例えば、子どもの作品を手紙と同じように考えてみましょう。手紙を受け取ったら、まず何が書かれているのかを読み取り、相手の思いに共感しようとするはずです。そこで、子どもの作品も同じように、子どもの思いに気づくことが大切です。その作品に込められた「思い」をくみ取り、子どもが伝えようとしていることに共感するようにしましょう。

第5章
あそびと造形表現

Ⅰ. 技法あそび

「技法」とは、技術的な方法や手法のことを指します。そして、くり返し練習することによって習得することができます。

画材を使う造形活動には、様々な技法があります。子どもは、技術や知識を獲得し、それらを使って表現するために技法を学ぶのではありません。様々な技法は、子どものあそびを通して獲得され、発見と工夫から身につくものです。そして、体験を積み重ねることによって、表現する意欲が高まり、充実した技法あそびへと発展していきます。

保育者は、技法の知識や技術を身につけるだけでなく、その特徴や魅力を理解し、子どもに向き合いながら一緒に楽しむことが大切です。

ここでは、技法から広がる子どもの技法あそびを学びましょう。

色であそぼう

1 フィンガーペインティング

　絵の具の感触を味わいながら、指や手で絵の具を擦りつけたりすることを楽しむ技法あそびです。また、描いた軌跡や色の混ざり具合を体感することによって、解放的な表現へつながる技法です。

準備する材料と用具
　水彩絵の具、画用紙（ロール紙、コート紙）、パレット

制作手順
- 指や手を動かし様々な軌跡を描いたり、色を混ぜ合わせたり、指の跡や手形をつけたりする。（ロール紙などを使う場合は、全身を使った表現へつながる。コート紙などを使う場合は、なめらかな軌跡が楽しめる。）

活動のねらい
- 絵の具にふれ、その感触を味わい、指で描く表現を楽しむ。
- 全身を使ってのびのびと活動し、解放的で自由な表現を楽しむ。
- 友だちとの関わりを楽しみながら、他者を理解し共感する心を育む。

指導上の留意点
　子どもに合った絵の具を選び、安心して活動できるようにしましょう。また、全身を使った活動になる場合もあるため、絵の具で汚れてもいい服装などの準備が必要です。

2 スタンピング

　身の周りにある様々な素材を使って、スタンプを自由に楽しむ技法あそびです。スタンプに使う素材の工夫やスタンプして生まれる形のおもしろさや美しさに気づく技法です。

準備する材料と用具

　スタンプする素材（カップ容器、キャップ、段ボール片、緩衝材、布、野菜など）、水彩絵の具、スタンプ台、画用紙

制作手順

- スタンプに使う素材を準備する。（野菜を使う場合は、様々な方向に切り、表面の水分を拭き取る。）
- スタンプする方法や方向を変えたりする。

活動のねらい

- 様々な素材を使ってスタンプすることを自由に楽しむ。
- スタンプする方法や方向を工夫して表現を楽しむ。
- 身近な素材の形におもしろさや美しさを感じる。

指導上の留意点

　スタンプする色を変える場合は、ぬれた雑巾やキッチンペーパーで絵の具をふき取りましょう。また、野菜などの食材を使う場合は、自然がつくりだす形の美しさなどにも気づくことができるでしょう。

3 ドリッピング

　絵の具をたらしたり、振りかけたりすることによってできた形や躍動感を楽しむ技法あそびです。アメリカの画家、ジャクソン・ポロック（1912-1956）のアクションペインティングが有名です。

準備する材料と用具
　水彩絵の具、画用紙、筆やハケ、パレット、筆洗、ストロー

制作手順
- 筆やハケに溶いた絵の具を含ませ、紙のうえにたらす。
- 筆を振り下ろして絵の具を飛ばしたり、筆をもった手を打ってしずくを落としたりする。
- たらした絵の具にストローで息を吹きかけたり、紙を傾けたりして絵の具を流す。

活動のねらい
- 画用紙に落ちた絵の具の形、偶然重なった色や線の模様を楽しむ。
- 身体の動かし方を工夫し、様々な絵の具の落とし方を試す。

指導上の留意点
　絵の具と水の配分によって、絵の具の飛び散り方や痕跡に変化が生まれます。絵の具の濃度による表現の違いを理解するために、保育者自ら経験しておくことが大切です。

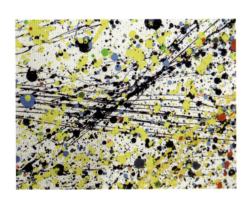 

4 バチック

　油分が水をはじく性質を利用した技法あそびです。クレヨンなど油分を含んだ画材で絵を描き、そのうえから水彩絵の具を塗ることにより、浮かびあがる絵の効果を楽しむ技法です。

準備する材料と用具
　クレヨン（ロウソク）、水彩絵の具、画用紙、筆やハケ、パレット、筆洗

制作手順
- クレヨンなどで絵を描く。
- クレヨンなどで描いた絵のうえに、水の配分が多い絵の具を塗る。

活動のねらい
- 画材の性質の違いによって生まれる効果を楽しむ。
- 絵の具をはじくことにおもしろさを感じ、様々な表現を楽しむ。

指導上の留意点
　画用紙に、白のクレヨンで絵を描き、そのうえから絵の具を塗ることによって、白い模様が浮かびあがります。また、ロウソクを使うことによって、子どもの想像力をふくらませる活動へと展開させることができます。

5 デカルコマニー

　吸水性の低い紙やガラスなどのうえに絵の具を置き、紙を押し当てて転写することを楽しむ技法あそびです。デカルコマニーは、フランス語で「写し絵」を意味し、日本語で「合わせ絵」といわれます。また、二つ折りにした紙を使うことによって、左右対称に転写される模様を楽しむ技法です。

準備する材料と用具

　水彩絵の具、画用紙（ケント紙）、筆、パレット、筆洗

制作手順

- 二つ折りの紙を開き、その片側に絵の具をたらしたり、筆で自由に描いたりする。
- 再び紙を折り、紙全体を手で擦る。

活動のねらい

- 絵の具の色や水の配分を工夫し、紙を開く瞬間を楽しむ。
- あらわれた形や模様を観察し、自分なりの感じ方や見方を楽しむ。

指導上の留意点

　水の配分が少ない絵の具を用いたり、絵の具チューブから直接、紙のうえに絵の具をだしたりすることによって、質感の変化が楽しめます。乾燥したときにひび割れなどが生じる場合もあります。

6　糸ひき絵

　絵の具などで色をつけた糸や紐を二つ折りにした紙に挟み、それを引き抜くことによって、不思議な形や模様があらわれることを楽しむ技法あそびです。糸や紐などを使うことから「ストリング」といわれます。

準備する材料と用具
　糸（紐）、水彩絵の具、画用紙、筆、パレット、筆洗

制作手順
- 絵の具に糸を浸す。
- 二つ折りにした紙を開き、その片側に絵の具をつけた糸を置く。
- 再び紙を折り、その紙を手で押さえながら糸を引き抜く。

活動のねらい
- 糸の置き方や引き抜き方を工夫して楽しむ。
- あらわれた形や模様を見立てたり、ほかの技法と組み合わせたりして楽しむ。

指導上の留意点
　用いる糸や紐の縒りの状態や太さによってあらわれる模様が変化します。また、絵の具と水の配分や引き抜き方を変えることによって表情が変わります。

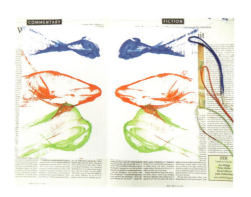

7 スパッタリング

　画用紙のうえに型紙を置き、霧状の絵の具を吹きかけることによってあらわれる模様を楽しむ技法あそびです。金網にのせた絵の具をブラシなどで擦り、その網目から絵の具の粒子を飛び散らせます。そして、色の重なりや、濃淡によるグラデーションを楽しむ技法です。

準備する材料と用具

　スパッタリング用の金網、ブラシ、水彩絵の具、画用紙、筆、パレット、筆洗

制作手順

- 画用紙のうえに型紙を置く。
- 筆で金網の中心に絵の具を置き、ブラシで擦る。

活動のねらい

- 絵の具を飛び散らせることによって生まれる色の美しさを楽しむ。
- 型紙を使ったり、絵の具の水の配分を変えたりしながら工夫して楽しむ。

指導上の留意点

　絵の具の水の配分や、金網のうえに置く絵の具の量に注意しましょう。また、金網やブラシは、日常の生活で使っている物の中にもあります（ザルや歯ブラシなど）。金網の目の大きさやブラシの硬さによって、違った表現を楽しみましょう。

第5章　あそびと造形表現　65

8 ステンシル

　形や模様、文字などを切り抜いた型枠を用いて、絵の具やパステルなどで色をつけることを楽しむ技法あそびです。一つの型枠で、同じ形をたくさんつくることができる技法です。

準備する材料と用具
　水彩絵の具（パステル）、画用紙、厚紙、ハサミ、カッターナイフ

制作手順
- 厚紙などに形や模様を描き、型枠をつくる。
- 画用紙のうえに型枠を置き、切り抜いた部分に絵の具（パステル）を使って色をつける。

活動のねらい
- 技法による効果を楽しみ、型枠を外したときの感動を味わう。
- 型枠の使い方を工夫しながら、同じ形をたくさんつくることのおもしろさを感じる。

指導上の留意点
　絵の具を使う場合は、ローラーやタンポなどを用いて色をつけることができます。また、スパッタリングと組み合わせることによって、新しい表現へと展開させることができます。

9 フロッタージュ

　凹凸がある物に紙をあて、そのうえから画材で擦り、紙に模様を写しとることを楽しむ技法あそびです。フロッタージュは、フランス語で「こする」を意味し、ドイツの画家、マックス・エルンスト（1891-1976）の作品が有名です。

準備する材料と用具
　凹凸がある物、色鉛筆（クレヨン）、上質紙（薄い紙）

制作手順
- 凹凸があるもののうえに上質紙などをのせる。
- 上質紙のうえを画材で擦り、模様を写し取る。

活動のねらい
- 凹凸がある物を擦ることによってあらわれる模様を楽しむ。
- 身の周りの物に様々な模様があることに気づく。

指導上の留意点
　できあがった紙を素材として利用し、コラージュなどの技法と組み合わせることによって、新しい表現へと展開させることができます。

10　スクラッチ

　鮮やかな色のパスなどで下地をつくり、そのうえに濃い色を塗り重ね、先の尖った物で表面を削り取ることを楽しむ技法あそびです。削り取った部分から鮮やかな色が見え、下地と表面のコントラストを楽しむ技法です。

準備する材料と用具
　パス（クレヨン）、画用紙、竹串など

制作手順
- 画用紙にパスなどを使って鮮やかな色の下地をつくる。
- 下地のうえに濃い色を塗り重ねる。
- 竹串などを用いて、引っかくように表面を削る。

活動のねらい
- 下地と表面のコントラストを楽しむ。
- 削る線の太さに変化をつけたり、線と線を重ねたりして楽しむ。

指導上の留意点
　作品にふれると手が汚れたり、ほかの作品に色がついたりするため、定着スプレーなどを用いることも考えましょう。また、下地には鮮やかな色を使い、無作為に色を配置しましょう。そして、子どもが削ったときにあらわれる色の偶然性を楽しみましょう。

11　にじみ絵

　色がにじみ合う美しさを楽しむ技法あそびです。水や絵の具を使って紙を湿らせ、そのうえからほかの色を置いてにじませたり、マーカーペン（水性）で描かれた部分に水をたらしてにじませたりする技法です。

準備する材料と用具
　水彩絵の具、マーカーペン（水性）、画用紙（和紙）、筆やハケ、パレット、筆洗、スポイト

制作手順
- 絵の具を使う場合は、画用紙を水で湿らせ、そのうえに絵の具をたらす。
- マーカーペンを使う場合は、点をうったり模様を描いたりして、そのうえに水をたらす。

活動のねらい
- 色がにじみ合う美しさやおもしろさを楽しむ。
- あらわれた色の偶然性を楽しむ。

指導上の留意点
　水の量が多すぎると紙全体ににじみが広がってしまいます。画用紙を湿らせる水分量には注意しましょう。また、画用紙以外に和紙、コーヒーフィルター、キッチンペーパーなどを使って楽しむこともできます。

12　マーブリング

　水面にマーブリング液（墨汁）をたらし、そこにできた模様を紙に写しとることを楽しむ技法あそびです。マーブリング液と水が反発する性質を利用して、筆では描けない不思議な模様をつくりだす技法です。

準備する材料と用具

　マーブリング液（墨汁）、画用紙（和紙）、バット

制作手順

- バットに水を入れ、マーブリング液（墨汁）をたらす。
- 水面に息を吹きかけたり、静かにかき回したりして模様をつくる。
- 画用紙などを、ゆっくりと水面につける。
- 画用紙などを引きあげ乾かす。

活動のねらい

- 水面にあらわれる模様の美しさやおもしろさを楽しむ。
- マーブリング液（墨汁）をたらした水面のかき回し方などを工夫して楽しむ。

指導上の留意点

　できあがった紙を素材として利用し、コラージュなどの技法を組み合わせることによって、新しい表現へと展開させることができます。また、画用紙以外にも吸水性の高い素材を使って試すこともできます。

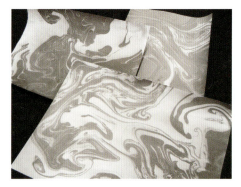

13　紙版画

　台紙に形どった厚紙などを貼りつけて凸版をつくり、そのうえにインクをのせて刷ることを楽しむ技法あそびです。これは、版画技法の一つで、紙の厚みの差を用い刷る技法です。

準備する材料と用具

　版画絵の具、型紙（画用紙、厚紙）、版画用紙（画用紙）、ローラー、インク練り板、ハサミ、のり、バレン

制作手順

- 台紙のうえに形どった厚紙を貼る。
- ローラーを使って凸版のうえに絵の具をのせる。
- 凸版に版画用紙をのせ、バレンで擦る。

活動のねらい

- 様々な凸版をつくり、紙に刷ることを楽しむ。

指導上の留意点

　形どった紙の厚みにより、輪郭線の見え方が変わります。また、バレンは版画用紙の中心から円を描くように、均等な力で擦りましょう。さらに、凸版ごとに色を変えて刷ることもできます。

14 コラージュ

　身の周りにある様々な紙や布、写真などを自由に貼り合わせることを楽しむ技法あそびです。画面に配置した素材からイメージが広がり、空想の世界を表現する技法です。

準備する材料と用具
　身の周りにある素材（写真、雑誌、パンフレットなど）、台紙（画用紙）、ハサミ、のり

制作手順
- 身の周りにある素材を集め、気に入った部分を切り抜く。
- 切り抜いた素材を台紙のうえで構成し、のりで貼る。

活動のねらい
- 身の周りにある素材を探すことを楽しむ。
- 画面を構成しながらイメージを広げることを楽しむ。

指導上の留意点
　様々な技法あそびを通してできた物を素材として、コラージュを制作することができます。また、自然素材を組み合わせて制作することもできます。　　　　　　　　　　　　　　　　　　　　　　　（小島）

Ⅱ. 素材あそび

「素材」とは、物をつくるときのもとになる材料や原料のことを指します。そして、食材や繊維なども素材といわれます。一般的に作品を制作するとき、原料となる自然界にあるもの（石や木）など、そのままの材料を素材ということもあります。また、絵の具や粘土など表現する手段としての素材と、人物や風景などを模倣するときに用いる対象としての素材があります。

ここでは、素材から広がる子どもの素材あそびのプロセスを学びましょう。そのプロセスをまとめると次のようになります。

素材あそびのプロセス
① 子どもの前にある様々な素材を、五感を通して確かめたり試したりする。
② 素材の特性を理解する。そして、あそびへ展開しようとする。
③ 理解した特性をいかして、それぞれの考え方や扱い方でイメージを形にする。

素材あそびは、子どもの前にある素材で何かをつくることだけを目的としているのではありません。まず、子どもが素材自体を楽しむことを大切にしましょう。そして、子どもが様々な素材にふれることは、五感を刺激し、楽しいあそびへつながります。また、年齢や発達過程に応じた素材選びを心がけたいものです。

子どもの素材あそびをプロセスとともにイメージしましょう。

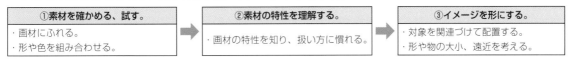

このようなプロセスを経て、自分の思いや感じたことを絵にあらわすことができるようになります。また、同じテーマをもって友だちと描くことによって、達成感や満足感へとつながるでしょう。その先には、子どもの想像力や創造力が育まれることでしょう。

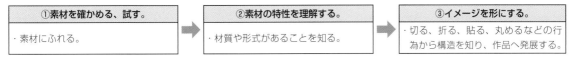

このようなプロセスを経て、自分の思いや感じたことを立体にあらわすことができるようになります。また、完成するまでに時間を要することから、根気や落ち着き、手先の器用さなどを身につけることができるでしょう。さらに、作品に愛着を感じ、物を大切にしようとする心が育まれることでしょう。

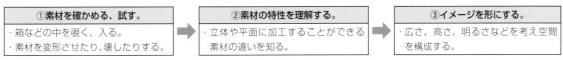

このようなプロセスを経て、素材のみならず用具の使い方を知り、それらの扱い方に慣れます。また、完成した物を使って遊ぶことによって、手足の動き、物の扱い方を身につけることができるでしょう。さらに、身体の動かし方を身につけ、力の加減や配分を知ることができるでしょう。　　　　　（江村）

1 えのぐ（絵の具）

　絵の具は、様々な色彩を楽しむことができ、水の配分による質感の変化や触感の心地よさを味わうことができます。そして、子どもの感性を豊かにする素材です。

　絵の具は、油性絵の具と水性絵の具に分類することができます。油性絵の具は、絵の具を油で溶いて、キャンバスといわれる布地に描くものです。水性絵の具は、絵の具を水で溶いて使うもので、水彩絵の具やアクリル絵の具があります。水彩絵の具は、透明水彩絵の具と不透明水彩絵の具（ガッシュやポスターカラー）に分類され、水の配分によって表現の幅が広がります。また、アクリル絵の具は、紙や布、木、プラスチック、金属にも描くことができ、耐水性があるため野外に展示する作品にも対応することができます。そのほか、版画絵の具（油性・水性）や墨なども絵の具として用いられます。

　子どもは、主として不透明水彩絵の具（ポスターカラー）やアクリル絵の具などを使います。それぞれの絵の具の特徴を知り、活動の内容によって使い分けましょう。

《活動例①：色水であそぼう！》

準備する材料と用具
　水彩絵の具、水、ペットボトル、透明カップ

活動のねらい
- 混色による色の変化に興味をもち、色の美しさを楽しむ。
- 友だちや保育者と色水を使ったあそびを楽しむ。

環境構成
- 室内で活動する場合は、雑巾やバケツなどを準備する。
- 水の色の違いが分かるように、透明カップを多めに準備する。

指導上の留意点
　色水をつくるときは、あらかじめ基本となる色（赤・青・黄など）を準備し、混色を楽しめるようにしましょう。特に乳児が行う場合は、食紅を使って着色すると安心して活動を楽しむことができます。

　身の周りにある草花などを使って色水をつくると、自然の色への興味・関心を引きだすことができます。

絵の具でつくった色水

草花を使った色水

素材を中心としたあそびへの展開方法

　子どもがつくった色水から、ジュース屋さんごっこなどを楽しむことができます。ごっこあそびを通して、友だちや保育者との関係性を深められる活動に展開しましょう。

　色水の中に中性洗剤を数滴たらして、色つきシャボン液をつくりましょう。そして、色つきシャボン玉を画用紙などに写し取ったり、シャボン玉で描いたりすることを楽しみましょう。

　プールあそびや泥んこあそびと並行して、野外のあそびとして楽しむこともできます。

シャボン玉で描く

《活動例②：ローラーであそぼう！》

準備する材料と用具

水彩絵の具（版画絵の具）、画用紙（ロール紙）、ローラー、インク練り板、葉、紐、様々に形どった型紙

活動のねらい

- ローラーの動きを楽しみながら、紙のうえにあらわれた色の軌跡を楽しむ。
- ローラーのしくみを知り、くり返し写しだされる形のおもしろさを味わう。

環境構成

- ロール紙を使ってダイナミックな活動を行う場合は、床にブルーシートなどを敷く。また、手足についた絵の具を拭き取る雑巾やバケツを準備する。
- ローラーによる連続した形や色、動きを楽しめるように、転写されるものを準備する。

指導上の留意点

足についた絵の具で転倒したり、友だちとぶつかったりすることがあるため、ルールを決めて活動しましょう。

布にアクリル絵の具を用いて着色すると、野外での展示や使用が可能になります。

素材を中心としたあそびへの展開方法

ローラーの動きや軌跡を楽しみながら、その軌跡を道路や線路に見立てたあそびに展開しましょう。

絵の具をつけたローラーに型紙を貼りつけて転がすことにより、ローラーの軌跡に模様が残ります。また、乗り物などを形どった型紙を貼りつけることにより、地図などへ展開することができます。

色の軌跡

型紙を貼ったローラー

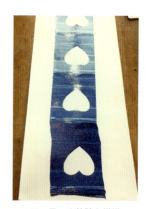
ローラーの軌跡と模様

2 ねんど（粘土）

粘土は可塑性が高く、イメージを自在に形づくることができる素材です。指や手、用具を使って形づくるおもしろさや粘土の触感の心地よさを楽しむことができます。

子どもは、主として油粘土、土粘土、紙粘土、小麦粉粘土などを使います。

粘土は、次の表のように分類することができます。活動の内容に合わせて、粘土を使い分けましょう。

粘土の分類と特徴

分類	特徴
油粘土	粘土にワセリンなどの油を混ぜてつくられ、乾燥しても固まらず、くり返し使える。長期間、紙や木のうえに置いておくと油分が抜けるため、プラスチック容器などに入れて保存する。
土粘土	天然の土の中で粘りがあり、陶芸の素材になるものを指す。固まった土粘土は、木づちなどで砕き、水を加えて再生することができる。
紙粘土	パルプにのりなどを加え、粘土状にしたものを指す。乾燥後、着色することもできる。芯材を使って立体をつくることができる。ビニール袋などに入れて保存する。
小麦粉粘土	小麦粉に水を加えて粘土状にしたものを指す。塩を加えると防腐剤の役目を果たすが、長期保存はできない。アレルギーのある子どもへの使用には注意が必要となる。
樹脂粘土	樹脂を主成分にしたものを指す。自然硬化するものや加熱して硬化するものがある。
石粉粘土・木粉粘土	石や木の粉を主成分にしたものを指す。自然乾燥した後、石や木のような質感になる。

《活動例：土粘土 〜泥粘土あそびからねんどタウンへ〜》

準備する材料と用具

土粘土、水、バケツ、ペットボトル

活動のねらい

- 水分量の違いによる粘土の触感を楽しむ。
- 粘土の可塑性を全身で味わう。
- 友だちや保育者と協力してつくる達成感を味わう。

環境構成

- 全身を使った活動ができるよう、広いスペースを確保する。
- 汚れてもいい服装で行う。室内で活動する場合は、ブルーシートを敷いたり、雑巾やバケツなどを準備する。
- 粘土に少しずつ水が加えられるよう、ペットボトルなどに水を入れて準備する。

粘土の粉の触感を楽しむ

泥の触感を楽しむ

第5章 あそびと造形表現

指導上の留意点

粘土の触感を十分に楽しむ時間や空間を確保しましょう。また、泥になった粘土で転倒したり、友だちとぶつかったりすることがあるため、ルールを決めて活動しましょう。

友だちや保育者と、互いに感じたことや考えたことを伝え合う機会をつくりましょう。

重さを身体で感じる

素材を中心としたあそびへの展開方法

泥粘土あそびでは、粘土の粉に水を加えます。はじめは「サラサラ」した粉を身体につけて化粧したり、「パサパサ」、「ボロボロ」した土で団子をつくったり、「グチャグチャ」、「ニュルニュル」した土を固めて山にしたり、「ドロドロ」した土のうえで自分の身体を滑らせたりするなど、様々な土の感触から子どもが生みだすイメージをふくらませましょう。

ねんどタウンでは、まず、形づくることに適した固さの粘土を使いましょう。大きな粘土の塊から家をつくったり、粘土を積み上げてタワーをつくったりしながら高さのあるものへと展開しましょう。そして、見立てあそびをしながら想像の世界をつくることによって、満足感や充実感を味わえるようなあそびに発展させましょう。

ねんどのタワー

ねんどタウン

3 かみ（紙）

　紙は、絵を描くときに用いる画用紙、色彩が楽しめるおりがみや色画用紙、あそびに使ったり制作したりする新聞紙、立体をつくるときに使うボール紙、柔らい表現に使う花紙や和紙など、子どもの創造性を支える大切な素材です。
　紙は、次の表のように分類することができます。

紙の分類と特徴

分類		特徴
紙	新聞用紙	毎日の様々なニュースを印刷して伝える紙を指す。
	印刷・情報用紙	書いたり、印刷したりして情報を伝えるための紙（ノート、パンフレット、雑誌、コピー用紙、レシートなど）を指す。
	包装用紙	包んで運ぶための紙（米袋、包装紙、ショッピングバッグ、封筒など）を指す。
	衛生用紙	液体や、汚れを拭き取るための紙（ティッシュペーパー、トイレットペーパー、紙タオルなど）を指す。
	その他	グラシン紙、書道半紙などを指す。
板紙	段ボール	段ボールをつくるための紙（ボール紙、波形ボール紙など）を指す。
	紙器用板紙	菓子箱などに使われる紙を指す。
	その他	証書などを入れる筒、ラップの芯、石こうボードなどに使われる紙などを指す。

《活動例：新聞であそぼう！》

準備する材料と用具

　新聞紙、カラーポリ袋、セロハンテープ、マーカーペンなど

活動のねらい

- 新聞紙を用いて、破る、切る、丸める、折るなどして楽しむ。
- 新聞紙の感触を全身で感じる。
- 友だちや保育者と協力してつくる楽しさを味わう。

環境構成

- 新聞紙を様々な手法で扱い、子どもがイメージしたものを形にできるような用具を準備する。

新聞紙破りを楽しむ

指導上の留意点

　子どもの発達に合わせた素材を準備しましょう。また、子どもの自由な発想を引きだせるよう新聞紙以外の素材を準備し、子どもの要望に応えられる援助ができるようにしましょう。

素材を中心としたあそびへの展開方法

　新聞を身体に巻きつけて紙の感触を感じたり、破る音を楽しんだり、破った新聞紙の中に入って紙の心地よさを感じたりしましょう。

　片づけるときには、カラーポリ袋などに入れて口を閉じ、ボールにして遊んだり、動物に見立てて遊んだりしましょう。

　ハサミやのり、セロハンテープなどを自由に使うことができるようになった子どもは、それらを用いて新しい制作へと発展させましょう。

　活動後、互いの作品を鑑賞することによって、友だちのアイデアに気づき、自分の作品にいかそうとする姿を見守りましょう。

新聞紙をまとめたポリ袋

《教材例：とびだすしかけを楽しもう！》

準備する材料と用具
画用紙、色画用紙、ハサミ、のり、マーカーペン（色鉛筆など）

活動のねらい
- 紙を切ったり、折ったりすることによってできるしかけに興味をもつ。
- しかけの動きからイメージしたものを形にする楽しさを味わう。
- 様々な素材をいかして自分なりの表現を楽しむ。

しかけの種類

環境構成
- 様々なポップアップのしかけにふれ、その動きや形からのイメージを互いに話し合える場を設ける。
- テーマを設定し、それに合わせた素材を準備する。

ポップアップの作品

指導上の留意点
子どもが発表しやすい大きさの画用紙で制作しましょう。また、イメージが広がるようなポップアップのしかけを選んでおくことが大切です。

素材を中心としたあそびへの展開方法
口が開閉するしかけは、パペットのように使うことができるため、その動きに合わせながら互いの会話を楽しんだり、ごっこあそびなどに展開したりしましょう。

(西村)

4 自然の素材

　自然の素材の魅力は、季節ごとに様々な形、色、大きさ、においなどから五感を刺激するところです。そして、自分の好みの形や大きさを選ぶことができるところにおもしろさを感じます。また、保育者が、子どもと散歩などにでかけて自然を観察しながら一緒に探してくることも大切な活動のひとつです。

季節ごとの自然の素材

春	夏	秋	冬
花びら、草花、小石、砂など	水、草花、野菜、貝殻など	木の実、葉、松ぼっくり、つる、野菜など	木の実、枯れ葉、氷、枝など

1 木の実、葉、つるなど

　木の実は、実の中に虫がいる場合があります。煮沸するか、袋などに入れて冷凍庫に数日入れておくといいでしょう。また、実の種類によって整理するといいでしょう。葉は、四季を通じて様々な種類のものが素材となります。つるなどは、巻いて乾燥させることによってリースなどに使うことができます。

木の実を整理する

2 貝殻、流木など

　貝殻や流木などは、水や砂がついている場合があります。流水で洗うか、水につけて塩分を取り除き、乾燥させてから大きさ、種類別に整理するといいでしょう。また、色をつけたり、装飾したりすることができます。

3 砂、小石、土

　砂に水を混ぜてカップに入れると、ケーキやプリンに見立てることができます。小石は並べたり積んだりすることをはじめ、色をつけたり、装飾したりすることによって、生き物などを表現することができます。土は、水の配分を変えることによって、泥だんごをつくることができます。

石の種類

4 水、氷、雪

　水を手でもつことは難しいことです。しかし、冬になって雪が降ったり、氷ができたりしたとき、手にとってその変化や質感を確かめることができます。また、雪や氷が溶けていく様子を見ることによって、その現象に驚き、感動が生まれます。

《教材例①：動物をつくろう》

準備する材料と用具

紙粘土、貝殻、木の実、枝、モール、毛糸、ビーズ、アクリル絵の具、筆、パレット、筆洗、接着剤など

制作手順

- 紙粘土で動物の胴体をつくり、枝などをさして足にする。足の先を紙粘土などで飾る。
- 木の実や貝殻を目や耳、角などに見立て、紙粘土につける。毛糸などを接着剤で貼る。
- 紙粘土が乾燥したら、アクリル絵の具などで色をつける。

指導上の留意点

接着剤を使う場合は、時間を決めて換気するようにしましょう。

自然の素材でつくる

《教材例②：どんぐりマラカスをつくろう》

準備する材料と用具

どんぐり、ペットボトル、ビニールテープなど

制作手順

- ペットボトルの中にどんぐりを入れて、ビニールテープで留める。
- シールなどを貼り装飾する。

どんぐりマラカス

《教材例③：クリスマスツリーをつくろう》

準備する材料と用具
松ぼっくり、ビーズ、ペットボトルのふた、紙粘土、アクリル絵の具、筆、パレット、筆洗、マーカーペン、接着剤など

制作手順
- ペットボトルのふたの側面にマーカーペンで色をつけ、その中に紙粘土をつめる。
- 紙粘土に押しつけるように、松ぼっくりを接着剤で貼りつける。
- アクリル絵の具で松ぼっくりに色をつける。
- 松ぼっくりのかさの部分に、ビーズなどを用いて装飾する。

指導上の留意点
接着剤を使う場合は、時間を決めて換気するようにしましょう。

クリスマスツリー

《教材例④：はっぱのモビールをつくろう》

準備する材料と用具
葉、枝、糸、ラミネーターなど

制作手順
- 葉をラミネートして、葉より一回り大きくハサミで切り取る。
- パンチで穴を開け糸（15㎝程度）を通して結んだものを五つほどつくる。
- 枝の両端に葉を吊す。
- 人差し指でバランスが取れるようにもち、その支点に糸を結ぶ。
- それぞれのパーツがバランスを保つよう吊るす。　　　（江村）

はっぱのモビール

5　身近な素材

　私たちの身の周りには様々な素材が存在します。身近な素材を用いた造形あそびは、素材と出会う体験を通して子どものイメージをふくらませます。
　身近な素材は、「自然材」と「人工材」に分類することができます。自然材の良さは、自然が生みだす形や質感を楽しめ、同じ形が二つとないところです。人工材の良さは、生活の中にある物で、同じ形や色の物を集めることができるところです。

自然材と人工材

自然材	人工材
枝、葉、木の実、石、砂、貝殻など	紙材料：画用紙、段ボールなど 生活材料：紐、毛糸、針金、紙コップ、ストロー、緩衝材など リサイクル材料：空き箱、牛乳パック、空き缶、ペットボトル、カップ、トレーなど

《教材例：いろいろなプラスチックの素材でつくる海のいきもの》

準備する材料と用具

　プラスチックの素材（ペットボトル、ビニール袋、PEテープ、トレー、ストロー、ペットボトルのふた、弁当やプリンなどの容器、プラスチック製スプーン、緩衝材など）、セロハンテープ、マーカーペン（油性）

活動のねらい

- 様々なプラスチックの素材の形や色を楽しむ。

環境構成

- 様々なプラスチックの素材を準備し、子どもが自由に選べる環境を整える。
- 子どもが素材と出会い、その素材からイメージをふくらませる状況をつくる。

身近な素材

> **指導上の留意点**

　素材に対する知識や加工方法などを理解し、子どもの自由な表現につなぐことが大切です。できあがった作品は、プラスチックの素材特有の軽さがあるため、吊るして楽しむことができます。　　　　　（小島）

透け透けサカナ

ゆらゆらクラゲ

容器と緩衝材のカメ

- ペットボトルの中にビニール袋やPEテープをつめる。
- PEテープなどの端をペットボトルの口からだし、尾びれに見立てる。
- ふたやストローなどを使って目をつくったり、背びれや胸びれをつくったりする。

- カップの内側にPEテープを貼る。
- PEテープを裂き、幅に変化をもたせる。
- カップにマーカーペンなどで模様や絵を描く。
- カップの中心に穴を開け、紐を通して吊す。

- 丸い容器にプラスチック製のスプーンを貼りつけ、足や尾をつくる。
- プリンのカップなどを貼りつけ、頭をつくる。
- 緩衝材を切って貼りつけ、凹凸の部分に色をつける。

第5章　あそびと造形表現

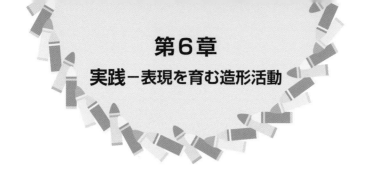

第6章
実践－表現を育む造形活動

Ⅰ. 五感を働かせる活動

　子どもは、五感を働かせながら周りの環境と関わっています。「五感」を辞書で調べると、「視覚・聴覚・嗅覚・触覚・味覚」とあります。しかし、胎児の発達段階を捉えると、「視覚・聴覚・味覚・嗅覚・触覚」の順が考えられます。また、記憶する段階などを捉えると、「触覚・嗅覚・味覚・聴覚・視覚」の順が考えられます。つまり、五感には、活用する段階によって優先順位があるということになります。

　表現することは、心理的や感情的、精神的など人の内面にあるものを、外面的または感性的形象として客観化することです。子どもの表現活動を考えると、生活やあそびの中で感じたことを絵に描いたり、驚いたことを表情や声にだしたり、喜びを身ぶりや手ぶりであらわすことに始まります。このような表現には、「何をどのように感じるか」という感性の豊かさが大きく影響します。造形表現においても、まず、豊かな感性を育むことが大切とされています。美しいと感じる心や不思議だと感じる心は、五感を働かせることによって磨かれます。保育者には、様々な感覚を刺激する環境を整え、子どもがその環境へ関わることに興味・関心をもつよう促すことがのぞまれます。

（齋藤）

1 みる

　視覚を働かせる活動では、時間をかけて観察することが大切です。子どもにとって見慣れたものや見慣れた場所も、クローズアップすることにより、新しい発見につながるでしょう。子どもは「みる」活動によって、形や色、大きさや質感など、様々な情報を得ることができます。そして、視覚的な情報から何かを感じ取る心を育み、表現活動へつなぐことが大切です。

《活動例：発見したことを描こう》

準備する材料と用具

　リサイクル材料、カラーセロハン、水彩絵の具、画用紙、筆、パレット、筆洗、ハサミ、セロハンテープ

活動のねらい

- 身近にあるものからイメージを広げることを楽しむ。
- イメージしたことを表現する楽しさを味わう。
- 友だちや保育者とイメージを共有することを楽しむ。

双眼鏡をのぞく

指導上の留意点

　子どもは、同じものを見ても対象の捉え方や感じ方に違いがあります。その感じ取る心の違いが、表現を特徴づけることになるため、保育者は、一つの見方に限定しないような配慮が必要です。また、子どもが発見したことを他児と伝え合うことができる環境を整えましょう。言葉であらわすことによって自分のイメージが具体的になり、豊かな感性として育まれていきます。また、子どもが感動したことに共感する姿勢も大切です。自分の思いを共有できた体験は、次の展開へとつながります。保育者は、子どもの知的探求心を尊重しながらともに発見することを楽しみましょう。

（齋藤）

アリを観察する

発見したことを描く

2 きく

　聴覚を働かせる活動では、時間をかけて音を探すことが大切です。身の周りには、常に音が存在します。風の音、雨の音、川のせせらぎ、鳥のさえずり、車のエンジン音、電車の音など、目を閉じて耳を澄ませば様々な音に気づきます。子どもは「きく」活動によって、音の強さや弱さ、遠くから聞こえるや近くで聞こえるなど、様々な情報を得ることができます。そして、聴覚的な情報から何かを感じ取る心を育み、表現活動へつなぐことが大切です。

《活動例：音をかたちに》

準備する材料と用具
　音を感じる素材、土粘土（油粘土）、粘土板、粘土べらなど

活動のねらい
- 身近にある音からイメージを広げることを楽しむ。
- イメージしたことを表現する楽しさを味わう。
- 友だちや保育者とイメージを共有することを楽しむ。

指導上の留意点
　子どもに楽器など具体的な物を見せると、視覚的なイメージが印象に残るため、純粋に音からのイメージを表現できなくなる可能性があります。音源は、できれば子どもから見えないようにして、活動することがのぞまれます。雨の日に目を閉じて雨の音を感じたり、風の強い日に野外で風の音を感じたり、どこからともなく聞こえる鳥のさえずりを聞いたりするのもいいでしょう。また、ブラックボックスのような箱から音をだしたり、アイマスクを使って音を聴いたりすると、視覚的な情報がさえぎられ聴覚が敏感になるため、より音に集中することができます。

(西村)

ビーズの音を聴く

水の音を聴く

アイマスクを使って

3 におう

　嗅覚を働かせる活動では、時間をかけてにおいを探すことが大切です。身の周りには常ににおいが存在します。甘い、さわやかな、焦げたなど、抽象的で大人でも言葉にならないようなにおいに気づきます。子どもは「におう」活動によって様々な情報を得ることができます。そして、嗅覚的な情報から何かを感じ取る心を育み、表現活動へつなぐことが大切です。

《活動例：においを描こう》

準備する材料と用具
　においを感じる素材、パスなど、画用紙

活動のねらい
- 身近にあるにおいからイメージを広げることを楽しむ。
- イメージしたことを表現する楽しさを味わう。
- 友だちや保育者とイメージを共有することを楽しむ。

においを感じる

指導上の留意点
　においには、人が心地よく感じるものと不快に感じるものがあります。子どもには、心地よいにおいを選ぶことが大切です。また、実物が手に入らないときは、香料などを使ってもいいでしょう。　（西村）

4　さわる

　触覚を働かせる活動では、時間をかけて物にふれることが大切です。特に手や指からの情報は大きく、「手は第二の脳」といわれています。それは、全身の皮膚から感じ取る情報量の約25%にもなるほどです。子どもは「さわる」活動によって、温かいや冷たい、硬いや柔らかい、重いや軽いなど、様々な情報を得ることができます。そして、触覚的な情報から何かを感じ取る心を育み、表現活動へつなぐことが大切です。

《活動例：そっくりな手ざわりを探してつくろう》

準備する材料と用具

　手ざわりを感じる素材、手ざわりが似た素材（毛糸、紙、ビニール袋など）、ハサミ、のり

活動のねらい

- 身近にあるものの手ざわりからイメージを広げ、同じような手ざわりを探すことを楽しむ。
- イメージしたことを表現する楽しさを味わう。
- 友だちや保育者とイメージを共有することを楽しむ。

手ざわりを感じる

指導上の留意点

　手ざわりを感じる素材は、身近にある心地よい手ざわりの物を選びましょう。また、保育現場で飼育している動物であれば、生き物の温もりを感じることができ、生き物への愛情や興味・関心を育むことができるでしょう。そして、子どものつくりたい物に合った手ざわりが似た素材を準備しましょう。

（西村）

5 あじわう

　味覚を働かせる活動では、時間をかけて物を味わうことが大切です。身の周りには常に味が存在します。甘いや辛い、苦い、すっぱいなど抽象的で大人でも言葉にならないような味に気づきます。子どもは「あじわう」活動によって様々な情報を得ることができます。味覚的な情報から何かを感じ取る心を育み、表現活動へつなぐことが大切です。

《活動例：あじを描こう》

準備する材料と用具

　味を感じる素材、水彩絵の具、パス、画用紙、筆、パレット、筆洗

活動のねらい

- 身近にある味からイメージを広げることを楽しむ。
- イメージしたものを表現する楽しさを味わう。
- 友だちや保育者とイメージを共有することを楽しむ。

味を感じる

指導上の留意点

　味わうことは、味覚とともに舌ざわりも感じることです。食材は、複合的に味を感じることができる素材であるため、「あまくてかりかりしているね」、「すっぱくてつぶつぶしてるよ」など、子どもが発する言葉を大切にしましょう。はじめは、一つの味や食感を体験し、次に、二つの味や食感を合わせたものを体験することによって、子どもがよりおもしろい形や色で表現することを期待できるでしょう。

（西村）

Ⅱ. 自然の中での活動

　幼いころから自然の中で様々な体験を重ねることによって、子どもの感性を豊かにすることができます。アメリカの海洋生物学者、レイチェル・カーソン（1907-1964）は、子どもとともに自然を探索した体験を『センス・オブ・ワンダー』に著しました。彼は、子どもが神秘さや不思議さに目を見張ることによって感性を育み、感動を分かち合うことができるようになる大切さを伝えています。

　日本では、「子どもの体験活動の実態に関する調査研究（国立青少年教育振興機構：2010）」や「子供の頃の体験がはぐくむ力とその成果に関する調査研究（国立青少年教育振興機構：2017）」の研究・報告が行われ、幼少期から中学生期までに自然の中で様々な体験を重ねた高校生ほど、思いやり、やる気、人間関係能力などの資質・能力が高いという結果を得ています。また、「豊かな自然体験」は、子どもの言葉を豊かにし、想像力や表現力を高めます。豊かな言語能力によって、自分を表現することへつながり、人の気持ちを大切にする力にもなると考えられています。

　自然の中の活動は、様々なものにふれる自然体験によって五感を刺激し、好奇心を育み、感動を知り、豊かな感性の発達を促すといわれています。特に、生き物に直接ふれるなどすることによって、子どもは様々なインスピレーションを感じることでしょう。

　イギリス人の芸術家、アンディ・ゴールズワージー（1956-）は、ランド・アート（アース・ワーク）というジャンルで作品を制作しています。彼の表現の場は、森の中、川岸、湖、砂浜など自然そのものです。そして、表現の素材は、その場にある草木や石などです。紅葉を集めてグラデーションをつくったり、枝でアーチをつくったり、その場の風景を背景として作品をつくります。作品自体は自然の素材を使っているため、枯れたり、崩れたりしますがその変化も作品の一部といえるでしょう。

　子どもを取り巻く環境は、自然豊かな地域と都市部では違います。しかし、都市部であっても草花や鳥を見ることはできます。子どもにとって自然は未知でありながら、身近な存在です。保育者は、様々な自然の要素を保育の中に取り入れ、子どもが楽しみや親しみをもてる環境を整えたいものです。

A. ゴールズワージーの作品

1　土とあそぶ

　土は、造形の素材だけでなく、自然の素材として、また環境として捉えることができます。そして、色や手ざわりを確かめながら遊ぶことは、子どもの五感を刺激します。また、土が水を含めば泥になり、土に粘土質が含まれていれば形のあるものをつくることができます。さらに、様々な用具を用いたあそびへも展開されます。

《活動例①：砂場であそぼう》

　砂場の砂は、掘ったり盛り固めたりすることができます。また、型を使ってままごとあそびを展開したり、砂を掘ることに夢中となるあそびを展開したりすることもできるでしょう。また、シャベルやスコップを使うことによって、たくさんの砂を一度に運ぶ体験をしたり、その重さを感じたりすることができるでしょう。

泥だんごづくり

《活動例②：つきやまであそぼう》

　つきやまは、土や砂を使って人工的につくられた山です。古くは平安時代の日本庭園にも見られます。そして、子どものあそびの地場のような役割を果たします。子どもは、山に登ったり、山から駆け降りたりして楽しめるところに魅力を感じます。また、山を一つの町に見立ててごっこあそびに展開することもできるでしょう。

つきやまあそび

第6章　実践－表現を育む造形活動

2　水とあそぶ

　水は、子どもにとって身近なあそびの素材です。子どもは、毎日、手を洗ったりお風呂に入ったりします。その中で温度を感じることもできます。そして、雨や水たまり、葉についた水滴や川の水、雪や水辺の氷など、季節に応じて様々な表情を見せる素材に魅力を感じます。また、水を媒介にしてほかの素材や現象について興味・関心を抱くことも大切なことです。

《活動例①：水で描こう》

　水を入れたボトル容器を使って、地面に絵を描きます。水を勢いよく飛ばしたり、ゆっくりとだしたりしながら水の痕跡を楽しみます。また、容器を変えることによって、水の勢いや線の太さに変化が生まれます。さらに、水が蒸発して絵が消えていくところを見れば、その不思議さに気づくでしょう。

《活動例②：はっぱで舟をつくろう》

　笹舟をつくって水に浮かべるあそびは、大人なら誰でも経験があることでしょう。子どもは、葉や枝などをそっと水に浮かべたり、せせらぎに流したりすることだけでも十分に楽しめます。また、葉のうえに木の実などを乗せて、舟に人が乗っている様子を想像するのも楽しいでしょう。

舟であそぼう

3　光とあそぶ

　光には、子どもが見たことのない世界を演出する効果があります。そして、光が差す方向やそこにできる影を楽しむことができるでしょう。また、季節や時間によって影の長さや影のできる方向が変わっていくことにも気づくでしょう。しかし、自然の光と遊ぶ場合には、光源を直接見ないように注意しなければなりません。

《活動例①：影ふみおにごっこ》

　まず、オニ役を１人もしくは２人決めます。そして、ほかの子どもは建物などの陰に隠れます。合図と同時に陰に隠れていた子どもは日向へ飛びだします。オニ役に影をふまれたら捕まってしまいます。野外で元気よく走り回る子どもの姿が伺えるあそびです。また、友だちの影を棒などでなぞって描くあそびに展開させてもいいでしょう。

《活動例②：光の筋を感じよう》

　厚手のカーテンや暗幕がある部屋で暗室をつくります。そして、カーテンを少しだけ開けると、外から差し込む光の筋を見ることができます。光がその部屋のどの辺りまで差し込むか、また、光で何が照らされているかなど、様々な観察を楽しむことができます。幼い子どもには、段ボールの箱にいくつかの穴を開け、箱の中を覗くような教材を準備することもできます。さらに、カラーセロハンを光にかざすことによって、様々な色を感じることができるでしょう。

光に色をつける

4　風とあそぶ

　風は、子どもに様々な影響を与えます。そして、古くから風を分類する言葉が使われてきました。風向による北風や南風、慣習によるそよ風や強風、地域性による春一番や木枯らし、現象によるつむじ風や乱気流など様々です。また、これらの風を感じることによって、気温や湿度も感じられるようになります。様々な風にふれ、季節感や時間の感覚を身につけることも大切なことです。

《活動例①：風を感じよう》

　軒下にPEテープを数本結びつけて、風の流れを感じます。そして、PEテープがなびく様子を見ながら、風の向きや強さを感じましょう。また、PEテープの高さを変えることによって、様々な風の通り道を感じ取ることができるでしょう。さらに、風車などをつくって風の強さを感じることへ展開するのもいいでしょう。

風を感じる

《活動例②：風をあつめる》

　大きなビニール袋の口を開けて、風を集めます。ビニール袋いっぱいの風を集めたら、袋の口を閉じて重さを感じましょう。また、ビニール袋に様々な絵を描いたり、紙を貼りつけたりしながら、独自のキャラクターづくりへと発展させるのもいいでしょう。

（江村）

Ⅲ．絵本から広がる活動

　子どもは、自ら絵本をめくったり、保育者に絵本を読んでもらったりすることを好みます。そして、描かれた絵の美しさを視覚で楽しみ、言葉の響きやリズムを聴覚で楽しみます。また、絵本と生活を結びつけ、絵本の一場面をあそびの中に取り入れて再現するなどします。

　絵本には、物語絵本、しかけ絵本、科学絵本、生活に関する絵本などがあり、文字のない絵本もあります。絵本を選ぶ場合は、子どもの年齢やその時期の興味・関心に配慮することが大切です。また、造形活動で活用する場合は、子どもの想像力を引きだす絵本を選び、子どもが絵本の世界観を十分に表現できるよう心がけたいものです。

　保育現場の活動では、絵本の内容をもとに友だちや保育者とのやり取りが大切になります。その中で絵本のイメージを共有し、活動の方向性を見出していきます。保育者は、子どもの「こんなことをかんじた」、「こんなふうにしたい」という心の動きに着目し、その思いを実現できる時間と環境を整えましょう。

《活動例：『あさになったので　まどをあけますよ』（荒井良二 1956-）を題材に》

　この絵本には、「あさになったので　まどをあけますよ」という言葉とともに、窓を開ける場面がくり返し描かれています。そして、ページをめくると、その窓から見える山や海、街の風景が描かれています。それらは、絵本に登場する人物にとって日常の光景です。

　保育現場の活動では、保育者の「みんなの窓も開けますよ」のかけ声から始まりました。園舎の窓を開けると、そこには砂場や遊具、花壇など、いつもの風景がありました。しかし、子どもは、はじめて窓を開けたかのように、目を輝かせながらその見慣れた風景を眺めていました。そして、見えるものや好きな場所を声にだし合いました。

　次に、保育者が「みんなの大切な場所を、もっと素敵にしましょう」と提案し、窓から見える場所を飾ることにしました。一冊の絵本がきっかけとなり、見慣れた風景が、自分にとって「大好きな場所」であることに気づくことができました。

"すなば"をひかりでかざろう（2歳児）

　窓から見える砂場に差し込む光が印象的に感じられ、子どもから「きらきらしたものをかざりたい」という言葉がでました。そこで、光を透す素材を集め、砂場を光や虹で彩りました。

光で彩る

"ツリーデッキのにわ"にむしをよぼう（3歳児・4歳児）
　窓からは、生き物がいなくなり寂しくなった園庭が見えました。そこで、様々な生き物をつくって飾り、春や夏のころのように賑やかな園庭に変身させました。

生き物をよぶ

"マザーツリー"をはなでかざろう（5歳児）
　窓から見える"マザーツリー"は、葉が多く小さな花しか咲きません。そこで、「みたことのないようなきれいなはな」を描いて木に飾り、自分たちだけの花を咲かせました。

花で飾る

"えんてい"をフラッグでかざろう（3歳児・4歳児・5歳児）
　窓から2本の桜の木が見えました。そこで、「たのしいきもち」や「きれいなもよう」をフラッグに描き、「おとうさんざくら」と「おかあさんざくら」をつないで、仲良しの木にしました。

（齋藤）

フラッグで飾る

Ⅳ. 季節や行事に関わる活動

　保育現場では、年間を通して様々な行事が行われます。行事内容は季節に合わせたり、地域や園の特色に合わせたり、子どもの育ちの実情に合わせたりと様々です。そして、計画的に準備をしたうえで行事を行います。

　ここでは、保育現場の年間行事計画にもとづいて、代表的な造形活動の取り組みを表にしました。

（松實）

造形活動の取り組み

月	行事と造形活動の取り組み
4月	入園式・進級式が主な行事です。講堂や各保育室の壁面に掲示するための、入園や進級を祝う飾りづくりが主となります。また、個別の小さな記念品づくりにも取り組みます。
5月	こどもの日に合わせた鯉のぼりや兜の制作が主となります。また、母の日に合わせて、プレゼントづくりにも取り組みます。
6月	歯と口の健康週間に合わせた歯磨きの場面のお絵かきや、時の記念日に合わせた時計づくりが主となります。また、父の日に合わせて、プレゼントづくりにも取り組みます。
7月	七夕に合わせた七夕飾りの制作が中心となります。また、プール開きに合わせたプールあそびの場面のお絵かきや、水で遊ぶおもちゃづくりにも取り組みます。
8月	メインになる行事は夏祭りです。地域との連携や交流の一環として、祭りの会場を模した作品展を行う場合もあります。
9月	お月見に合わせて、月やお団子、ウサギをモチーフにした制作が主となります。また、敬老の日に合わせて、祖父母へのプレゼントづくりにも取り組みます。
10月	メインになる行事は運動会です。クラスごとの応援旗づくりや入退場門への飾りつけ、メダルやトロフィーづくりにも取り組みます。
11月	七五三の日に合わせて、成長を祝う制作が中心となります。
12月	クリスマスに合わせて、クリスマスカードづくりやツリーへの飾りつけ、リースづくりなどの制作に取り組みます。
1月	お正月に合わせて、凧やコマなど昔ながらのおもちゃの制作に取り組みます。
2月	節分に合わせて、鬼のお面づくりに取り組みます。また、生活発表会に向けて、共同制作に取り組む場合もあります。
3月	ひな祭りに合わせて、ひな人形づくりに取り組みます。また、卒園式に合わせて、カードや花束など卒園記念の制作にも取り組みます。

第6章　実践－表現を育む造形活動　101

Ⅴ. 共同制作における活動

　保育現場における共同制作は、クラス全体や年齢別、また少人数のグループで制作に取り組むことを指しています。そして、運動会や生活発表会などの行事に向けて作品を制作する場合もあれば、日々の生活の中で友だちと共感しながら一つの作品を制作する場合もあります。

　子どもの制作過程において、仲間と協力し完成させる喜びを味わうことは、個人制作と違った共同制作の醍醐味といえるでしょう。そして、仲間とイメージやアイデアを共有し、新しい発想の世界を広げる機会となるでしょう。また、共同制作ができる年齢になるまでは、子ども一人ひとりがつくったものを並べて大きな作品をつくるという展開も考えられます。

《活動例①：棒アイスをつくろう》

　自由あそびの時間に子どもが棒アイスをつくりました。たくさんの棒アイスをつくって、空き箱にだし入れして遊んでいます。友だちはそれを見て、つくり方を尋ねました。その子どもは、みんなの前でアイスをつくります。

　この活動では、友だちがつくったものをまねて、同じものをつくります。友だちと同じ制作過程を辿ることは、子どもが世界観を広げることへつながります。また、つくって見せてくれた友だちに共感する機会となるでしょう。

アイスを見せる

《活動例②：はじめての絵の具》

　異年齢保育の中で、年長の子どもが絵の具あそびを始めました。床に広げた模造紙へ色を塗り始めると、それを見た年中や年少の子どもが集まって来ました。

　この活動では、色を楽しむことや筆を動かすことを楽しむあそびが展開されました。また、子どもの関係性ができあがっていると、幼い子どもは、年上の子どもにあこがれ、まねることを楽しみながらあそびに参加します。そして、ふれてみたい、つくってみたいという意欲が、造形あそびを発展させていくことでしょう。

はじめての絵の具

《活動例③:全身を使った粘土あそび》

年長の子どもと大学生が、土粘土200kgを使った粘土あそびを展開しました。まず、粘土の塊を地面に落としたり、足で踏んだりしながら全身で粘土の特性を感じました。そして、踏みつけた粘土を島に見立てる子どもがあらわれました。周りの子どもも興味深げに、ブルーシートの海に粘土の島をつくり、その島同士をつないで遊びました。また、恐竜や魚などの生き物をつくったりすることによって、新しい世界ができあがりました。

5歳児の活動の様子

この活動では、大学生とともにつくりあげる共同性や新しいものへの期待感を感じることができたため、積極的な造形表現へ発展しました。　　　　　　　　　　　　　　　　　　　　　　　（江村）

第7章
保育の教材と活用法

　保育現場では、絵本、紙芝居、パネルシアター、ペープサート、パペットなど様々な視聴覚教材が活用されています。そして、子どもは、これらの教材の言葉、形・色、動きなどを通して身の周りの様々な事象に気づいたり、思いを馳せたりすることができるようになります。

　保育者は、すてきな言葉や美しい形・色、おもしろい動きなどを用い、それらを表現することによって、子どものイメージを広げます。そして、子どもは、そのイメージを通して周りとのコミュニケーションを深めることができるでしょう。

Ⅰ．「ことば」を楽しむ

　子どもにとって「ことば」を獲得することは、コミュニケーションの基盤をつくるうえで大切なことです。絵本の読み聞かせや素話を聞くことなどを通して多くの言葉にふれ、言葉がもつ響きやリズムの楽しさを感じる機会をつくりたいものです。

　言葉を獲得し始める時期の子どもには、音の響きや言葉のくり返しを楽しむことができる絵本がいいでしょう。

《活動例①：『がたん　ごとん　がたん　ごとん』（安西水丸 1942-2014）を題材に》

　「がたん　ごとん　がたん　ごとん」と汽車が走ってきました。はじめての駅で待っているのは、ミルクの哺乳瓶です。「のせてくださーい」といって汽車に乗り込みます。次の駅で待っているのは、コップとスプーンです。「のせてくださーい」といってまた汽車に乗り込みます。汽車はどんどん乗客を増やしながら終着駅へ到着します。

　言葉がくり返されるリズムを楽しみ、乗客の表情や汽車の表情の変化も楽しめる絵本です。

　この絵本を用いて、汽車が音を立てながら進む様子をページをめくりながら楽しんだり、段ボールでつくった汽車に入って遊んだり、運転手やお客さんになりきってごっこあそびを展開したりすることができるでしょう。

『がたん　ごとん　がたん　ごとん』
安西水丸、福音館書店、1987

《活動例②：『じゃあじゃあ びりびり』（まついのりこ 1934-2017）を題材に》

「じどうしゃ ぶーぶーぶーぶー」、「いぬ わんわんわんわん」、「みず じゃあじゃあじゃあ」、「かみ びりびりびりびりびりびり」など、子どもの身の周りにある音がリズミカルにくり返し書かれています。

子どもが音からものを認識することのできる絵本です。

この絵本を用いて、新聞紙を破く音を楽しんだり、破いた新聞紙を全身で感じる楽しさを味わったりすることができるでしょう。また、ホースから水がでることなど、生活の中にある音を確かめたいものです。

《活動例③：ことばあそびをたのしもう》

言葉の意味や言葉を使う楽しさがわかるようになった子どもには、しりとりや早口言葉、駄洒落など言葉あそびのおもしろさを伝えたいものです。そして、絵を見て言葉をいい当てるような、なぞなぞ形式の絵本も教材として活用できるでしょう。

江戸時代には、描いた絵を見て何があらわされているかを当てる「判じ絵」が人気でした。子どもと判じ絵を楽しんだ後、子ども自身が絵を描いてなぞなぞをつくることも楽しめるでしょう。また、美しい言葉の響きや美しい形・色を存分に味わうことができる児童文化にふれる経験を増やしたいものです。　　　　　　（西村）

『じゃあじゃあ びりびり』
まついのりこ、偕成社、1983

「鳥のはんじもの」一宝斎（歌川）国盛

Ⅱ.「え」を楽しむ

　絵本やパネルシアター、ペープサートは、そこに描かれている絵から様々な形・色を楽しむことができます。ここでは、保育者がつくって活用することのできる教材を取りあげます。

《教材例①：パネルシアター》

　パネルシアターは、パネル布（ネル生地）を貼ったパネル台に、Ｐペーパー（不織布）でつくった絵人形を貼ったりはがしたりしながら話を進める人形劇です。1973年（昭和48年）に、古宇田亮順（1937-）によって創案され、保育現場や教育現場に広まった教材です。

準備する材料と用具
　パネル布、Ｐペーパー、絵の具、色鉛筆、マーカーペン、ハサミ、接着剤

制作手順
- Ｐペーパーに物語の登場人物などを描く。
- ハサミで切り取り絵人形を完成させる。

指導上の留意点
　接着剤を使う場合は、時間を決めて換気するようにしましょう。

活用方法
　「まる、さんかく、しかく」の形から子どもがイメージするものをクイズ形式で楽しみましょう。それぞれの形から子どものイメージを広げ、様々なものの形に気づくことができるでしょう。

丸い形を見つけよう　　　　ボール、おひさま、すいか、ふうせん　　　　様々な形を見つける

あそびへの展開方法

　パネルシアターを楽しみ、子どものイメージが広がっているところで、様々な形に切った画用紙を組み合わせた紙版画をつくりましょう。そして、形の組み合わせや大きさの違いによるおもしろさを味わいましょう。

春のイメージ

夏のイメージ

冬のイメージ

《教材例②：ペープサート》

　ペープサートは、もともとウチワ型紙人形劇を指しています。2枚の紙に絵を描き、その紙を貼り合わせた間に心棒を入れた人形をつくります。そして、心棒の部分をもって回しながら演じる紙人形劇です。ペーパー・パペット・シアターの略語で、1948年（昭和23年）ごろ児童文化財として誕生し、永柴孝堂（1909-1984）によって命名されたといわれています。

準備する材料と用具
　絵の具（パスなど）、画用紙、心棒となるもの（割り箸など）、ハサミ、のり、接着剤

制作手順
- 画用紙に物語の登場人物などを描く。（絵は表と裏をつくり、表情を変える。）
- 2枚の絵の間に心棒となるものをはさみ、のりや接着剤で貼り合わせる。
- 物語に合わせた背景をつくったり、ペープサートを立てる舞台をつくったりする。

指導上の留意点
　接着剤を使う場合は、時間を決めて換気するようにしましょう。

第7章　保育の教材と活用法

活用方法

「どんな色がすき？（坂田 修作詞・作曲）」の歌詞に合わせて、子どもが好きな色を確認しましょう。そして、確認した色に思い描くイメージを共有しましょう。

「どんな色がすき？」

イメージを共有する

舞台に立てる

あそびへの展開方法

　ペープサートを楽しみ、子どものイメージが広がっているところで、様々な色を組み合わせた色あそびを楽しみましょう。そして、色の組み合わせによる混色のおもしろさを味わいましょう。　　　　（西村）

Ⅲ.「うごき」を楽しむ

　パペットやしかけ絵本、布絵本は、そこに描かれている絵から形・色を楽しむとともに、動きや素材の感触を味わうことができます。

　パペットは、演者の口調や話に合わせて口や手などを動かすことができます。そして、そのもの自体が生きているかのように表現することができます。

　しかけ絵本は、立体が飛びだすしかけや、取っ手を引くと絵がでたり隠れたりするしかけになっています。そして、ページをめくるたびに感動を味わうことができます。

　布絵本は、紐を引いたり、ボタンをとめたり、ファスナーを開閉したりするしかけになっています。そして、手ざわりなどの感触を楽しみながら物語を知ることができます。

パペット

布絵本

さわる絵本

《教材例：『はらぺこあおむし』※の世界を楽しむ》

　この絵本は、アメリカの絵本作家、エリック・カール（1929-）の代表作で、世界中の子どもから愛されています。鮮やかな色彩とあおむしが食べ物を食べた後に開けた穴を使い、その動きを楽しむしかけ絵本です。

　市販されている大型絵本では、あおむしが食べた後の穴にぬいぐるみのあおむしが入っていきます。この世界を子どもが体験できるように、段ボールを用いて拡大した舞台を再現すると、絵本の世界観をより楽しむことができます。

　また、物語通りの再現には、ＯＨＣなどを用いて段ボールに絵を投影して描くといいでしょう。（西村）

※：『はらぺこあおむし』（原題："The Very Hungry Caterpillar" / Eric Carle, 1969)、もりひさし翻訳、偕成社、1976

『はらぺこあおむし』
エリック・カール作（もりひさし訳）、
偕成社、1976

ＯＨＣで絵を写し取る

絵本の世界に入る

第7章　保育の教材と活用法　111

第8章
保育者の知識

Ⅰ. 色彩の効果

　私たちが暮らす世界には、色彩が満ちあふれています。ここでは、子どもの造形を指導するにあたって欠かすことのできない、色彩の基本的な意味や性質について理解しましょう。

1　色の三要素

　色は、「色相」、「明度」、「彩度」によって成り立っています。これらを「色の三要素（三属性）」といいます。
　「色相」は、赤や青といったそれぞれの色味の違いを指します。この色相を円形に並べたものを「色相環」といい、12色または24色であらわされます。
　「明度」は、色の明るさの度合を指します。同じ赤でも、白に近い赤ほど明度は高いといいます。
　「彩度」は、色の鮮やかさの度合を指します。鮮やかな色ほど彩度は高く、もっとも彩度が高い色は純色といわれます。
　白、黒、その中間の灰色は、「無彩色」といわれます。これらの色には色相や彩度がなく、明度しかありません。白は、すべての色の中で最も明度が高く、黒は最も明度が低くなります。

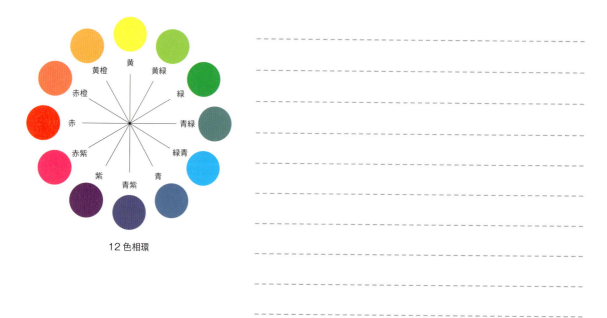

12色相環

2　色の三原色と光の三原色

　絵の具や様々なカラー印刷に使う赤紫（マゼンタ）、青緑（シアン）、黄（イエロー）を「色の三原色」といいます。三原色を調整しながら混色することによって、ほとんどの色をつくることができます。また、三原色をほぼ同じ分量で混ぜ合わせると、黒に近い灰色になります。

　照明に使う赤、青、緑を「光の三原色」といいます。この三色を重ねると、白光になって色が消えてしまいます。

　このように混色には、照明のように重なれば重なるほど明るくなる「加算混合」と、絵の具のように混ぜれば混ぜるほど暗くなる「減算混合」があります。また、「中間混合」といわれるものがあります。これは実際に混色するのではなく、私たちの眼の奥にある網膜上で色が混ざり合って見えることをいいます。

　ジョルジュ・スーラ（1859-1891）やポール・シニャック（1863-1935）など、19世紀に活躍した新印象派の画家は、小さな色の点をモザイクのように画面上に並べる「点描技法」で注目を集めました。そして、彼らは絵画の表現技法として中間混合を用いました。

色の三原色

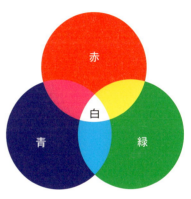

光の三原色

3　色の対比

　色相が離れるほど色の対比は強くなります。色相環では、向かい合った色のことを「補色」といいます。そして、補色同士の組み合わせは、互いの色をより目立たせる効果があります。

　江戸時代のはじめ、金魚を飼う風習が中国から伝わりました。緑の水草の間を泳ぐ赤い金魚の姿が、補色の視覚効果をあらわしています。このように昔の人々も金魚を愛でることで、色彩の効果を楽しんでいたのかも知れません。

　色には感覚や情報の要素も含まれます。赤を主系統とする「暖色」は、暖かい印象を与え、青を主系統とする「寒色」は、冷たい印象を与えます。また、明度の高い白は軽い印象を与え、明度の低い黒は重い印象を与えます。そして、暖色や明度の高い色は、膨張（進出）して映り、寒色や明度の低い色は、収縮（後退）して映ります。

　子どもの帽子や傘、レインコートなどに注目すると、黄色がよく使われています。黄色は、膨張色で大きく広がって映る効果があります。この色彩効果を使うことによって、遠くからでも子どもの姿を確認することができるでしょう。

4 色と絵本

　オランダに生まれアメリカで活躍したレオ・レオーニ（1910-1999）の『あおくんときいろちゃん』※は、1959年に発表されて以来、世界中で愛読されている絵本です。この絵本では、色彩の原理や効果がシンプルな形で表現されています。また、抽象絵画のように青と黄の紙が登場人物となり、その大きさや数、配置によって、心の動きや感情を表現している作品です。色彩をテーマにして、ページをめくる子どもの感性へ働きかける絵本です。　　　　　（松實）

※：『あおくんときいろちゃん』（原題："Little Blue and Little Yellow" / Leo Lionni. 1959）、藤田圭雄訳、至光社、1984

『あおくんときいろちゃん』
レオ・レオーニ作（藤田 圭雄訳）、至光社、1984

Ⅱ．材料と用具

造形を指導するにあたって保育者が知っておきたい材料と用具について、子どもの身の周りにあるものに絞って、その特徴や扱い方を解説します。

1 描画材

1 絵の具

子どもの造形に適している絵の具は水彩絵の具です。水彩絵の具は、透明水彩絵の具と不透明水彩絵の具に分かれます。小学校の図画工作科では、小さなチューブに入った12色セットの透明水彩絵の具を使いますが、保育現場では、ポスターカラーに代表される不透明水彩絵の具を使います。

2 クレヨン、パス

クレヨンやパスは、子どもにとって身近な描画材です。クレヨンは、粉末状の顔料とロウを練り合わせて棒状に固めたものです。硬さがあるため線を描くのに適しています。パスは、顔料と油を練り合わせたもので、オイルパステルの略称です。クレヨンに比べて柔らかいため面を塗るのに適しています。また、クレヨン、パスともに水をはじく性質があります。

《クレヨンをもつ手の発達過程》
- 1歳前後では①のように握ってもちます。
- 2歳前後では②のように親指、人差し指、中指の3本指でもちます。
- 3歳ごろから③のように親指、人差し指、中指の3本指でつまみながら薬指、小指を添えて5本指でもちます。
- 4歳から5歳ごろになると④のようにクレヨンを握り込み、正しい持ち方になります。

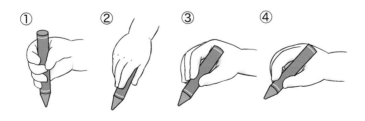

2 紙

1 画用紙

　画用紙には、いくつかの種類があります。保育現場で使われる画用紙のサイズは、四つ切か八つ切が主流です。様々な描画材に適応し、ハサミで切ったり、のりで貼ったりすることもできます。普段は、白い画用紙を使いますが、題材によっては、効果的な表現を引きだすために色画用紙を使います。

2 和紙

　和紙は、日本特有の紙です。子どもの造形には、障子紙や鳥の子紙が使われます。また、画用紙に比べて柔らかく、吸水性に優れています。そのため、絵の具がにじみやすく、独特な表現を楽しむことができます。このにじみをいかした「たらし込み」※の技法は、江戸時代の絵師、尾形光琳（1658-1716）や酒井抱一（1761-1829）ら琳派の作品にも好んで用いられました。

※：日本画技法の一つで、絵の具が乾かないうちにほかの色をたらすことによって、紙のうえで絵の具同士がにじむ技法を指す。

3 用具

1 ハサミ

　ハサミは、子どもの使い勝手を第一に考えて選ぶことが大切です。子どもの手の大きさに合って、刃先は丸く、それを収めるカバーがついているものがいいでしょう。また、左利きの子どもには、左利き用のハサミを用意しましょう。ハサミの使い方は、保育者が手本を示したうえで、一人ひとりに丁寧な指導を心がけましょう。

《ハサミの持ち方と練習》

　○持ち方

- 手が小さい子どもは、①のように上穴に親指を入れ、下穴にあとの4本の指を入れて5本の指でもちます。
- 手が大きくなってきた子どもは、②のように上穴に親指を入れ、下穴に人差し指、中指を入れて3本の指でもちます。
- 正しい持ち方は、③のように上穴に親指を入れ、下穴に中指と薬指を入れて3本の指でもちます。そして、人差し指を持ち手の付け根に添えます。

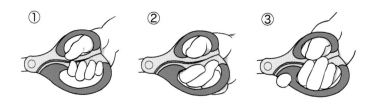

○練習

- 1回切り：細いテープ状の紙を1回だけ「チョキン」と切り落とします。これは、はさみを開閉する練習です。
- 直線切り：少し幅の広い紙を「チョキ・チョキ」と連続で切ります。「グー・パー」と声をかけながら練習しましょう。
- 曲線切り：紙に書いた波線や円に沿って切ります。ハサミは身体の正面でもち、紙を動かしながら切りましょう。

2 のり、接着剤

　紙を用いた造形には、でんぷんのりなどの接着剤が適しています。でんぷんのりを使うときは、ぬれタオルを準備し、活動後には、しっかりと手を洗うという指導が必要になります。厚紙や木などを用いた造形には、その用途に合わせた接着剤を選ぶようにしましょう。

3 ステープラ（ホッチキス）・セロハンテープ

　ステープラは、コの字型の綴じ針を内側へ折り曲げることで紙を綴じる用具です。その大きさや機能などは様々ですが、瞬時に紙と紙を綴じることができます。

　セロハンテープは、セロハンの片面に接着剤を塗り、巻かれた用具で、専用のテープカッターに収めて使います。

　これらの用具は、活動する前に保育者が正しい使い方を説明したうえで、子どものケガにつながらないよう、最小限の範囲で使用しましょう。

(松實)

Ⅲ. 作品の展示

1 日ごろの作品展示

　保育室に季節の草花を飾ることは大切なことですが、子どもがつくったり描いたりした季節の草花を飾ることも素晴らしい展示の一つといえるでしょう。また、子どもが、友だちの制作物を鑑賞することによって、新しいイメージをふくらませることへもつながるでしょう。

2 そのほかの作品展示

　特別な展示を行う場合には、ねらいや対象を明確にしたうえで内容を計画、検討しなければなりません。外部へ開かれたものであれば、額縁や展示台の工夫、順路の確保などにも配慮が必要です。

3 新しい作品展示

　絵画や写真の展示は、まず鑑賞者の目線を基準としています。そして、壁面に設定したラインに沿って作品の上端または下端を合わせ並べていきます。しかし、2015年に日本で開催された、ドイツの写真家、ヴォルフガング・ティルマンス（1968-）の展覧会では、独自の手法で作品が展示されました。彼は、展示空間を意識して、様々なサイズの写真をテープやクリップで壁に貼りました。また、作品を不規則に並べることによって、斬新な空間をつくりだしました。

(松實)

Ⅳ. 情報機器の活用

「IT」に代わって「ICT」という言葉が使われるようになりました。「IT」は、Information Technology の略で、「情報技術」を指します。「ICT」は、Information and Communication Technology の略で、「情報通信技術」を指します。

1 保育現場の現状

保育現場では、web. 上に掲載される「園だより」や「クラス通信」があります。子どもの様子を保護者に伝えることは、保育者と保護者のコミュニケーションをはかるうえで重要なツールとなっています。また、パソコンは写真編集なども容易に行えるため、頻繁に子どもの様子を配信することが可能となります。

2 情報機器を活用した教材

情報機器を活用した教材として電子紙芝居があげられます。これは、プロジェクターとスクリーンがあれば、いつでも子どもと楽しむことができます。従来の紙芝居は、画面が小さく、子どもの人数が多くなると絵が見えにくくなりました。しかし、電子紙芝居は画面が大きく、人数に関わらずそこに展開される色彩の美しさに集中できます。

3 情報機器の活用に対する留意点

すぐれたコンピュータが保育者の代わりになることはありません。保育者が保育をより有意義なものにするために、情報機器を積極的に活用することがのぞまれます。

電話や文字のやりとりだけでなく、様々な事柄を瞬時に検索することや、配信された動画や音楽を楽しく視聴するなど、情報機器の主流はスマートフォンやタブレット端末に移行しています。そして、これらのメディアは、日常生活に欠かせないものとなっています。

今後、情報機器はメディアの進化とともに、便利で豊かなものになっていくことでしょう。保育者は、ICT の利便性を有効活用するとともに、子どもや家庭をめぐる社会的な問題点についても配慮しながらアプローチすることを心がけたいものです。　　　　　　　　　　　　　　　　　　　　　　　　　　（松實）

Ⅴ. 博物館・美術館の利用

　博物館は、考古学資料などの歴史分野や、絵画作品などの芸術分野だけではなく、民俗、産業、自然科学などに関する資料を収集・保管して、それらを一般の人々に展覧し、資料についての調査・研究を行う施設を指します。私たちの身近にある動物園や植物園、水族館なども博物館に含まれます。

1 美術館

　多くの美術館では、所蔵する美術品を常時展示する「常設展」と、特定のテーマにもとづいて国内外から集められた美術品を、期間内に集中展示する「特別展」が行われています。特別展では、テーマに合わせてその分野の専門家を招いた講演会が開かれたり、企画展示に関わった学芸員によるギャラリートークが行われたりします。

2 博物館の役割

　博物館は、社会教育法をもとにつくられた博物館法によって守られています。そして、「社会教育のための施設」として位置づけられています。また、地域の学習拠点として、子どもが参加し体験する学習の機会を提供したり、ボランティアの協力を得た地域ぐるみの博物館活動を行ったり、地域活性化を目指した活動を展開したりすることによって、社会との活発なコミュニケーションにもとづく活動をくり広げています。

（松實）

保育者のQ&A

Q：展覧会に行くときの手続きはどのようにすればいいですか？
A：まず、地域にどのような施設があるのか検索します。教育目的の場合は、事前申請により料金を減免されることがあるため、Web.上で確認します。また、鑑賞プログラムなどが準備されている施設では、団体鑑賞の受け入れ態勢が整っています。

第8章　保育者の知識　121

第8章

第8章　保育者の知識　123

文献

第1章
- ヴィクター・ローウェンフェルド：『美術による人間形成　創造的発達と精神的成長』　黎明書房　1963
- 日本保育学会：『日本幼児教育史』　フレーベル館　1968
- 日本近代教育史事典編集委員会：『日本近代教育史事典』　平凡社　1971
- 津守真：『子どもの世界をどうみるか　行為とその意味』　NHKブックス　1987
- 橋本泰幸：『日本の美術教育－模倣から創造への展開－』　明治図書　1994
- 佐々木健一：『美学事典』　東京大学出版会　1995
- 向野康江：「「罫制」成立期における罫画の意味：罫画は美術教育の教科名か？」　美術教育学20巻　1999
- ジョアンナ・ヘンドリック『レッジョ・エミリア保育実践入門』　北大路書房　2000
- 玉成恩物研究会：『フレーベルの恩物であそぼう』　フレーベル館　2001
- 中原佑介：『ヒトはなぜ絵を描くのか』　フィルムアート社　2001
- ハーバード・リード：『芸術による教育』　フィルムアート社　2001
- 矢野智司：『意味が躍動する生とは何か　遊ぶ子どもの人間学』　世織書房　2006
- 磯部錦司：『自然・子ども・アート』　フレーベル館　2007
- おかもとみわこほか：『新・保育内容シリーズ　造形表現』　一藝社　2010
- 佐藤学・ワタリウム美術館：『驚くべき学びの世界　レッジョ・エミリアの幼児教育』　ACCESS　2011
- 辻泰秀：「美術教育における学習指導の内容と方法の変遷（1）-教師教育のための図画学習の史的視点-」　岐阜大学教育学部教師教育研究 10　2014
- 磯部錦司ほか：『保育のなかのアート』　小学館　2015
- スティーブン・ファージング：『世界アート鑑賞図鑑』　東京書籍　2015
- 高山静子：『学びを支える保育環境づくり』　小学館　2017
- 松岡宏明：『子供の世界　子供の造形』　三元社　2017
- 新村出編：『広辞苑第七版』　岩波書店　2018
- 神林恒道ほか：『美術教育ハンドブック』　三元社　2018
- 丸山浩司：「美術教育の歴史に学ぶもの（学制の発布以降の歴史に対する一考察）：歴史の波に翻弄された「美術」」　多摩美術大学教職研究 創刊号　2018
- 諸川滋大ほか：『新時代の保育1　保育におけるドキュメンテーションの活用』　ななみ書房　2018

第2章
- 黒川健一：『保育としての造形指導』　日本文教出版　1977
- ハワード・ガードナー：『子どもの描画　なぐり描きから芸術まで』　誠信書房　1996
- 金子一夫：『美術科教育の方法論と歴史』　中央公論美術出版　1998
- 新保育士養成講座編纂委員会：『新保育士養成講座第9巻　保育実習』　全国社会福祉協議会　2011
- 大竹節子：『0～5歳児の発達と保育と環境がわかる本』　ひかりのくに　2012
- 大橋功：『美術教育概論』　日本文教出版　2014
- 辻泰秀：『幼児造形の研究　保育内容「造形表現」』　萌文書院　2014
- 舟井賀世子：『みんなで造形　やってみよう！』　サクラクレパス出版部　2014
- 槙英子：『保育をひらく造形表現』　萌文書林　2015
- 西坂小百合：『0～6歳わかりやすい子どもの発達と保育のコツ』　ナツメ社　2016
- 神林恒道ほか：『美術教育ハンドブック』　三元社　2018
- 厚生労働省：『保育所保育指針解説』　フレーベル館　2018

第3章
- 民秋言ほか：『幼稚園教育要領・保育所保育指針・幼保連携型認定こども園教育・保育要領の成立と変遷』　萌文書林　2017
- 武藤隆ほか：『ここがポイント！3法令ガイドブック―新しい『幼稚園教育要領』『保育所保育指針』『幼保連携型認定こども園教育・保育要領』の理解のために』　フレーベル社　2017
- 高御堂愛子ほか：『保育者をめざす楽しい音楽表現』　圭文社　2017
- 厚生労働省：『保育所保育指針』　フレーベル社　2017
- 内閣府：『幼保連携型認定こども園教育・保育要領』　フレーベル社　2017
- 文部科学省：『幼稚園教育要領』　フレーベル社　2017
- 厚生労働省：『保育所保育指針解説』　フレーベル社　2018
- 内閣府：『幼保連携型認定こども園教育・保育要領解説』　フレーベル社　2018
- 文部科学省：『幼稚園教育要領解説』　フレーベル社　2018

第4章
- 相馬和子ほか：『実習日誌の書き方』　萌文書林　2004
- 網野武博ほか：『すぐに役立つ保育の計画・記録・評価』　フレーベル館　2009
- 久富陽子ほか：『幼稚園・保育実習　指導計画の考え方・立て方』　萌文書林　2009
- 『美育文化ポケット　2014 Summer vol.2』公益財団法人美育文化協会
- 『美育文化ポケット　2014 Autumn vol.3』公益財団法人美育文化協会
- 辻泰秀：『幼児の造形表現』　萌文書林　2015
- 『美育文化ポケット　2015 Winter vol.4』公益財団法人美育文化協会
- 厚生労働省：『保育所保育指針』　フレーベル社　2017
- 汐見稔幸：『保育所保育指針ハンドブック2017年告示版』　学研　2017

・高山静子：『学びを支える保育環境づくり』　小学館　2017
・内閣府：『幼保連携型認定こども園教育・保育要領』　フレーベル社　2017
・無藤隆：『幼稚園教育要領ハンドブック2017年告示版』　学研　2017
・無藤隆：『幼保連携型認定こども園教育・保育要領ハンドブック2017年告示版』　学研　2017
・文部科学省：『幼稚園教育要領』　フレーベル社　2017
・厚生労働省：『保育所保育指針解説』　フレーベル社　2018
・内閣府：『幼保連携型認定こども園教育・保育要領解説』　フレーベル社　2018
・文部科学省：『幼稚園教育要領解説』　フレーベル社　2018

第5章
・佐々木正人：『アフォーダンス入門』　講談社　2008
・槇英子：『保育をひらく造形表現』　萌文書林　2008
・「美術検定」実行委員会：『絵でわかるアートのコトバ』　美術出版社　2011
・伊藤護：『子どもとアート　生活から生まれる新しい造形活動』　小学館　2013
・佐善圭：『造形のじかん』　愛智出版　2013
・磯部錦司：『造形表現・図画工作』　建帛社　2014
・辻泰秀：『図画工作・基礎造形－美術教育の内容－』　建帛社　2016
・仲谷正史ほか：『触楽入門　テクタイル』　朝日出版社　2016
・『美育文化ポケット　2017 Spring vol.4』公益財団法人美育文化協会

第6章
・アシュレイ・モンターギュ：『タッチング　親と子のふれあい』　平凡社　1985
・レイチェル・カーソン、上遠恵子訳：『センス・オブ・ワンダー』（The Sense of Wonder）　新潮社　1996
・磯部錦司：『子どもが絵を描くとき』　一藝社　2006
・磯部錦司：『自然・子ども・アート　いのちとの会話』　フレーベル館　2007
・『子どもの体験活動の実態に関する調査研究』報告書　国立青少年教育振興機構　2010
・荒井良二：『あさになったので　まどをあけますよ』　偕成社　2011
・ワイルダー・ペンフィールド：『脳と心の神秘』　法政大学出版局　2011
・山口創：『手の治癒力』　草思社　2012
・辻泰秀：『幼児の造形表現』　萌文書林　2015
・『子供の頃の体験がはぐくむ力と その成果に関する調査研究』報告書　国立青少年教育振興機構　2017
・高橋京子：『12か月の自然あそび87』　新星出版社　2017
・高山静子：『学びを支える保育環境づくり』　小学館　2017
・クラス通信「さくら・ももだより」2018年5月号　名古屋芸術大学附属クリエ幼稚園　2018
・クラス通信「きく・ばらだより」2018年5月号　名古屋芸術大学附属クリエ幼稚園　2018
・クラス通信「ゆり・すみれだより」2018年5月号　名古屋芸術大学附属クリエ幼稚園　2018

第7章
・エリック・カール（もりひさし訳）：『はらぺこあおむし』　偕成社　1976
・まついのりこ：『じゃあじゃあ　びりびり』　偕成社　1983
・安西水丸：『がたん　ごとん　がたん　ごとん』　福音館書店　1987
・厚生労働省：『保育所保育指針』　フレーベル社　2017
・内閣府：『幼保連携型認定こども園教育・保育要領』　フレーベル社　2017
・文部科学省：『幼稚園教育要領』　フレーベル社　2017
・厚生労働省：『保育所保育指針解説』　フレーベル社　2018
・内閣府：『幼保連携型認定こども園教育・保育要領解説』　フレーベル社　2018
・文部科学省：『幼稚園教育要領解説』　フレーベル社　2018

第8章
・レオ・レオーニ：『あおくんときいろちゃん』　至光社　1984
・塚田慶一ほか：「幼児教育へのパソコンの展開 - 幼稚園での教材としての電子紙芝居の有効性とその展望 -」　日本教育情報学会年会論文集第24号　2008
・子どもの造形表現研究会：『保育者のための基礎と応用　楽しい造形表現』　圭文社　2009
・槇英子：『保育をひらく造形表現』　萌文書林　2008
・辻泰秀：『幼児造形の研究　保育内容「造形表現」』　萌文書林　2014
・植松由佳：『ヴォルフガング・ティルマンス Your Body is Yours』　国立国際美術館　2015
・渡辺一洋：『幼児の造形表現』　ななみ書房　2015
・ジョセフ・アルバース：『配色の設計』　ビー・エヌ・エヌ新社　2016
・神谷勇毅：「保育者養成校における情報学の授業展開—電子紙しばい制作を通じた保育 ICT 活用理解—」　鈴鹿大学短期大学部紀要第37号　2017
・山田佳奈ほか：「フォーラム：子どもとスマホ」朝日新聞 2018/08/05 第9面
・文部科学省：「新しい時代の博物館への視点」（最終閲覧：2018/08/31）
・厚生労働省：『保育所保育指針解説』　フレーベル館　2018
・文部科学省：『幼稚園教育要領解説』　フレーベル館　2018

監修・編著

齋藤　正人（さいとうまさと）岐阜聖徳学園大学短期大学部専任講師
　　　第1章Ⅳ-1、第2章Ⅰ・Ⅱ、第4章Ⅰ・Ⅲ・Ⅳ、第6章Ⅰ-1・Ⅲ

著　　　者

江村　和彦（えむらかずひこ）日本福祉大学こども発達学部准教授
　　　第1章Ⅱ・Ⅳ-2、第2章Ⅲ・Ⅳ、第4章Ⅱ、第5章Ⅱ-4、第6章Ⅱ・Ⅴ

木許　　隆（きもとたかし）岐阜聖徳学園大学短期大学部准教授
　　　第1章Ⅲ、第3章

小島　雅生（こじままさき）東海学園大学教育学部准教授
　　　第5章Ⅰ・Ⅱ-5

西村　志磨（にしむらしま）修文大学短期大学部准教授
　　　第5章Ⅱ-1,2,3、第6章Ⅰ-2,3,4,5、第7章

松實　輝彦（まつみてるひこ）名古屋芸術大学人間発達学部准教授
　　　第1章Ⅰ・Ⅳ-3、第2章Ⅲ、第6章Ⅳ、第8章

協　力　園

阿久比町立英比保育園（愛知県知多郡阿久比町）
阿久比町立草木保育園（愛知県知多郡阿久比町）
社会福祉法人千代田会　千代田保育園（愛知県稲沢市）
社会福祉法人わかば会　若葉保育園（岐阜県岐阜市）
名古屋芸術大学附属クリエ幼稚園（愛知県北名古屋市）
名古屋市立大池保育園（愛知県名古屋市）

保育者をめざす

楽しい造形表現

発　　　行	2018 年 12 月 25 日　初　版　第 1 刷発行
	2023 年　3 月 15 日　初　版　第 2 刷発行
監修・編著	齋藤　正人
著　　　者	江村 和彦・木許　隆・小島 雅生
	西村 志磨・松實 輝彦
発 行 者	小森　順子
発 行 所	圭文社
	〒112-0013　東京都文京区音羽 1 - 14 - 2
	TEL：03-6265-0512　FAX：03-6265-0612
印刷・製本	恵友印刷（株）
	ISBN978-4-87446-086-3

本書の無断複写・複製・転載を禁じます。

落丁・乱丁本はお手数ですが、お送り下さい。送料弊社負担でお取り替えいたします。